JN102332

インターナルブランディング

ブランド・コミュニティの構築

Internal
Branding

陶山計介・伊藤佳代 [著]
ブランド戦略経営研究所 [企画協力]

中央経済社

▶▶まえがき

　新型コロナウイルス感染症（COVID-19）のパンデミックは収束しておらず，現時点では見通しもまだ不透明であるが，われわれはポストコロナ時代を見据えながら"ニューノーマル"（New Normal：新常態）に対応しなければならない。

　『日本経済新聞』（2021年2月10日付）の「世界の企業，コロナ前回復」という見出しが目を引いた。これはQUICK・ファクトセットで上場する1万227社の実績や市場予想を2月9日時点で調べたものであるが，世界の主要企業の2020年10〜12月期の純利益が7,127億ドル（約74兆円）と前年同期比14%増えた。電機や自動車など製造業の生産・販売がアジアを中心に復調したことが貢献したという。半面，空運や外食，米国が低迷するなど業種，地域により回復には格差が見られた。2020年1月に発表された日銀の短観でも，景況感は2期連続改善という見通しが発表された。

　ただ，その後の第2波，第3波の新型コロナ感染拡大により3回目の緊急事態宣言が発令され，不要不急の外出自粛やGo Toキャンペーン事業の中断，東京・大阪をはじめとする都道府県における飲食店や百貨店など大型商業施設への休業・営業時間短縮要請などの中で，個人消費や消費・購買行動はなお慎重であることもあって外食や宿泊・観光など非製造業は特に厳しく，製造業も輸送機械などを除き持ち直してはいるものの，雇用情勢を含め先行きは予断を許さない（内閣府『月例経済報告』2021年5月）。

　いわば出口の見えない閉塞状況下で，経済や社会を元気にするためにはどうすればよいのか。何が突破口になるのか。「技術」「モノ」「カネ」「情報」なども大事であるが，それは手段に他ならない。まさにこの未曾有の"危機の時代"に生きており，現実に直面し苦悩しながらも，明るい将来が来ることを信じて日夜奮闘している「ヒト（人材）」であるとわれわれ

は考える。エッセンシャルワーカーをはじめとするあらゆる社員，経営者そして消費者，生活者など「ヒト（人材）」のもつ可能性や潜在能力は無限である。

その「ヒト」に活力を与え，「ヒト」を元気にさせるものは何か。「ヒト」のもつ可能性や潜在能力をどのようにすれば発揮させることができるのか。この問いに答えようとする際に鍵の一つになるのが「ブランド」である。ブランドは今日ではわれわれの日常生活になくてはならない存在，「モノ」やサービス，企業などを超えた存在である。ブランド品を消費したり身に付けたりすることがプライドを刺激するだけではない。ブランドを消費することが生きる目的にさえなる場合もあるだろう。ポジティブなイメージがもつ魅力，それは人や社会を豊かにし，自信や誇りを与え，躍動させる。安心，信頼，感動とあこがれ，これがブランドのもつパワーである。まさに「ヒト（人材）」は“Living Brand”（ブランド体現）に他ならない。本書ではインターナルブランディングの文脈で使用しているが，これは企業の内外を含むすべての生活場面にあてはまる。

本書は陶山，伊藤の共同の著作である。まえがき，序章，終章は陶山と伊藤，第1章，第2章は陶山，第3章，第4章，第5章，第6章，あとがきは伊藤がそれぞれ分担執筆した。とはいえ，企画，執筆にあたっては「一般社団法人ブランド戦略経営研究所」（略称BSMI）の全面的な協力を得た。2002年に発足した「ブランド戦略研究会」から20年，一般社団法人化してから10年を経た2021年，ブランド戦略経営研究所は理念・ミッションとして，「マーケティング戦略と知財戦略を基軸にしながら，人材開発戦略，営業戦略，生産戦略，研究開発戦略，財務戦略など各機能戦略の連携によるブランド戦略経営の推進」を掲げ，「ブランド戦略経営」に関する調査研究・教育研修・啓蒙活動，出版・広報活動などを行っている（https://www.brand-si.com/）。本書はその周年事業の一つである。

刊行にあたって髙木克典理事・事務局長（マックス・コム株式会社代表

取締役），途中までこの企画に参加してともに議論をしていただいた松下正理事・事務局次長（古谷国際特許事務所・弁理士）に感謝したい。2人の理解とサポートがなかったら本書は完成しなかったであろう。同研究所の顧問をお願いしている明治大学の大石芳裕教授と中央大学の田中洋教授には，日頃より格別のご指導をいただいている。感謝申し上げる次第である。また，インターナルブランディングの取材に協力していただいた株式会社ミルボン，株式会社リクルートSaas事業本部，株式会社日本旅行，Global Mobility Service株式会社の関係各位には大変お世話になった。このヒアリングから得られた知見が本書の骨格を形成しているといっても過言ではない。さらに陶山は関西大学および同東京センターや同梅田キャンパス，伊藤は社会保険労務士法人ソーケム，株式会社ソーケム代表取締役はじめ社員の皆さんにも深謝したい。

　最後に本書の企画に理解を示し刊行を後押ししていただいた株式会社中央経済社の杉原茂樹常務，浜田匡氏には格別にお世話になった。杉原常務には，陶山の初の単著刊行以来30年近く温かく見守っていただいている。記して感謝したい。

　本書が人事分野，ブランド・マーケティング分野だけでなく，広く今日の未曾有の危機を打開したいと願う多くの皆さんに「パワー」を与えるものになることを願ってやまない。

　2021年6月　仲夏の京都にて

陶山　計介

伊藤　佳代

目　　次

第2章 ポストコロナ時代に求められる ブランド・コミュニティの構築

第3章 インターナルブランディングとは何か

第4章 ブランド主導型組織の実現

第5章　ブランド浸透のための人事施策

第6章　"Living Brand"（ブランド体現）

終章 DX＆ポストコロナ時代の
インターナルブランディング

序 _章

「攻めのインターナルブランディング」が今求められている

・経団連『2021年版 経営労働政策特別委員会報告』から

・ブランド・イノベーションの加速

・Brand 5.0の時代へ

・本書の構成と内容

序-1　経団連『2021年版 経営労働政策特別委員会報告』から

　今日の世界が直面している最大の人類的危機は新型コロナウイルス感染症（COVID-19）のパンデミックである。それは経済，社会，文化，生活など既存の安全・安心の秩序やシステムに危機的なダメージを与えている。業界や規模の大小を問わずあらゆる企業が史上最悪のビジネス環境下で守りの経営を余儀なくされている。

　2021年1月，日本経済団体連合会は『2021年版 経営労働政策特別委員会報告』を公表した。「エンゲージメントを高めてウィズコロナ時代を乗り越え，Society 5.0の実現を目指す」という副題が示すように，ウィズコロナ時代における人事労務改革として，①働き手のエンゲージメントを高める働き方改革，②「場所と時間に捉われない働き方」の推進，③見直しが求められる労働時間法制，④ダイバーシティ＆インクルージョンの重要性，⑤「自社型」雇用システムの検討，⑥地域と中小企業の活性化に向けた取組みの重要性，⑦人材育成の重要性，その他，労働法制の改正動向と諸課題への対応，などが論じられている。

　この報告では，最重要課題として働き手のエンゲージメントを高めることを取り上げている。人材（人財）が企業価値の源泉であるからである。さらに，健康経営の推進も主要なテーマとして掲げられた。社員が健康かつ安全に働くことは当然のことであるが，労働環境を整えるだけではなく，社員の健康維持を経営的視点から捉えることで，経営戦略の一環となり，人材獲得，リテンション（人材の流出防止），エンゲージメントにもつながるのである。

　エンゲージメントも，従来は，働きがいや働きやすさをどう実現するかが問われていたが，これからはリテンション，人材獲得，健康経営，社会

への貢献や責任を果たすことも加味されなければならない。ウィズコロナ，ポストコロナ時代においてデジタルトランスフォーメーション（Digital transformation：DX）の重要性が高まり，「Society5.0 for SDGs」の実現のためにも，企業理念としてエンゲージメントをなおいっそう強化しなければならなくなった。企業と社員の方向性を一致させ，持続的成長と競争優位へと向かっていくことが求められているのである。

さらに報告書では，パンデミックにより導入が本格化したテレワークも取り上げられている。テレワークの導入はBCP（Business Continuity Plan：事業継続計画）の観点から必要であるとはいえ，コミュニケーションの不自由さ，孤独による不安感やテレワークを採用できない職種などの問題点も浮き彫りになっている。就業場所に捉われない働き方によるセルフコントロールは，自律型社員の育成につながると考えられるが，それには，社内のコミュニケーションがこれまで以上に欠かせない。インターナルブランディングが，まさに必要となる所以である。

序-2　ブランド・イノベーションの加速

新型コロナウイルス感染症は，"ブランド・イノベーション"を加速させている。とはいえ問題は，何が変わって，何が変わらないのか。あるいはどのように現状を変えなければならないのかを明らかにしなければならない。

世界経済フォーラムの創設者兼会長のシュワブ（K. Schwab）は「第4次産業革命」を提唱した。IoT，ビッグデータ，AI（人工知能），ロボット，プラットフォーマーの台頭などを通じて産業構造や就業構造が劇的に変わり，狩猟社会，農耕社会，工業社会，情報社会に次ぐ"Society 5.0"，「さまざまなつながりによる新たな付加価値」をもたらす"超スマート社会"の到来である（経済産業省，2017）。

　これを実現するためにはビジネスモデルの変革，とりわけデジタル技術，特に情報技術やデータ，システム，デバイス，ネットワーク，コミュニケーションのイノベーションが不可欠である。これがDXである。同時にそれは，人間のライフスタイルや意識・行動全般にも大きな影響を及ぼす。ネットとリアルの両面での新しいCX（Customer Experience：顧客体験）の出現である。これによって新たな価値が創出され，競争上の優位性が実現される。

　そうした動きは，ブランドの機能や役割にも変化をもたらさざるを得ない。ビジネス環境の激しい変化，顧客や社会のニーズをもとに消費者の意思決定の変化に対応しながら，データとデジタル技術を活用したブランディングやブランド戦略の再構築が求められる。"ブランド・イノベーション"に他ならない。それは少なくとも，第1に，画期的な製品・サービスの提供，顧客リレーションシップの構築だけでなく，新たなCX（顧客体験）やライフスタイルの実現を可能にするマーケティング・イノベーション，第2に，企業文化・風土を変革しながら，「人生100年時代」を見据えた働き方改革や非正規雇用も含む従業員のモチベーションアップのための人事労務制度の改革，第3に，事業や研究開発活動だけでなく，経営計画や企業価値向上と企業全休の成長に資する知財マネジメントの新たな展開，によって実現される。

序-3　Brand 5.0の時代へ

　ブランドの起源は，古代ノルド語の「brandr（ブランドル）」とも紀元前2700年頃の古代エジプト人に求められるともいわれる。牛飼いが牛に焼き印を付けて他の牛と区別したり，陶工が壺にサイン，マークを付けて独自性や所有権を主張するために用いられた。近代的なブランディング（Branding）は，中世の商業ギルドが品質保証のために商標（Trade

Mark）を使用したことに由来する。例えば，イギリスのスコッチ・ウイスキー蒸留業者は，出荷時に樽の蓋に焼き印を押して中間段階でのすり替えを防いだ。

　現代的な意味でのブランド概念ないしブランド戦略は，次の5つの段階を経て進化と発展を遂げてきた。

　ブランドないしブランディングは，伝統的なブランド・ロイヤルティマネジメントから始まった。Brand 1.0，すなわち，ロイヤルティとしてのブランドである。特定の製品ブランドや企業に対するこだわりを消費者にもたせ，反復購買を促進するのがブランド・マネジメントの目標であった。その場合，しばしば使われるブランドの定義は，「ある売り手の商品やサービスを競合他社の商品やサービスから異なるものとして識別する名前，言葉，デザイン，シンボル，およびその他の特徴」（アメリカマーケティング協会），あるいは「ある売り手やそのグループの商品やサービスを識別したり，競合他社の商品やサービスから差別化する名前，言葉，記号，シンボル，デザイン，およびそれらの組み合わせ」（Kotler and Keller, 2015）である。ここでは，ブランドはマーケティングにおける価値創造物である商品（製品）・サービスの表象形態であり，「一次連想」としか規定されていない。

　Brand 2.0は，エクイティとしてのブランドである。これはネーム，シンボル，マーク，デザイン，ロゴと結びついたエクイティ＝資産的価値に注目したブランドの捉え方である。製品・サービスの物理的・客観的な属性を超越した心理的・主観的な属性であり，フロー価値（＝短期的で一過性のもの）ではなく，ストック価値（＝中長期的で累積性のもの）としてのブランドに注目し，企業や製品・サービスの資産的価値の増大がブランド・マネジメントの目標と考えられた。

　Brand 3.0は，アイデンティティとしてのブランドである。ブランド連想（ブランドに関する記憶と「関連している」すべてのこと），とりわけ

企業側の事前像であるアイデンティティという捉え方である。ここではブランド・アイデンティティの構築，すなわち強く，望ましく，ユニークなブランド連想のセット，「らしさ」を構築したり，ステークホルダーに対する約束を実現することがブランド戦略の目標になる（Keller, 2008）。

　Brand 4.0は，コミュニケーションとしてのブランドである。ここでは，消費者側の事後像であるブランドイメージ，すなわち，消費者側で何らかの意味をもつ系統立てられた一連の連想と，企業側の事前像であるブランド・アイデンティティとの間の一致と共創，ブランド・アイデンティティおよびブランドイメージそれぞれの豊富化が図られる。具体的には，消費者の購買過程における品質知覚や態度形成，一貫性（consistency）やまとまり（cohesiveness）のあるブランドイメージの維持・強化，企業と消費者の間のブランド連想における内容と意味の共有を通じた全体としての関係性の構築がブランド戦略の目標となる（図序－1を参照）。

図序－1 ▶ Brand 4.0：ブランド・コミュニケーションの構築

出所）筆者作成。

　そして現在は，Brand 5.0，すなわち，コミュニティとしてのブランドである。ブランド・コミュニティとは，「ブランドに対して肯定的な感情と同一化価値を有する人々の社会的関係からなるネットワーク」である。この段階では単なる関係性ではなく，より強固かつ安定的な絆で結ばれたネットワークを構築することがブランド戦略の目標になる。このブランド・コミュニティは，第1に，信頼価値，第2に，体験価値，第3は，自己同一化価値によって構成される。そして体験価値の中には，①実用的価値，②社会的価値，③快楽的価値が含まれる。これらを図示したものが図序－2である。

図序－2 ▶Brand 5.0：ブランド・コミュニティの構成価値

出所）筆者作成。

　ブランド・コミュニティはブランドと顧客・消費者の間だけでなく，ブランドと企業内の経営者や従業員，企業外の株主をはじめとする地域や社会におけるステークホルダーの間で形成される。あるいはステークホル

ダー相互の間でも成立する。そこにはさらにリアルなネットワークだけでなく，SNSに代表されるバーチャルなネットワークも含まれる。

　これらブランドを中核とする広狭，深浅，精粗など多様な展開を有するコミュニティは，二者関係のダイアドから三者以上のリレーションシップへと発展していく中で，より大きなブランド・ネットワーク，すなわち，「ブランド・コミュニティのネットワーク」に進化する。ブランド間の競争や協調は，ブランド・ネットワーク間の競争や協調という姿をとる（Muniz and O'Guinn, 2001：McAlexander, Schouten and Koenig, 2002：陶山，2002 a：陶山，2002 b：陶山，2012：久保田，2012：羽藤，2019）。

　以上のような問題意識より，Society 5.0と"ポストコロナ時代"のDX&CX対応型ブランド・イノベーションを考察するのが本書の課題である。本書の書名を『インターナルブランディング：ブランド・コミュニティの構築』とした所以でもある。

序-4　本書の構成と内容

　本書の構成と内容は以下の通りである。

　第1章「DXの展開とビジネス・イノベーション」では，経済産業省などが提唱するSociety 5.0＝超スマート社会の到来，AI&IoTと「スマートコネクテッドプロダクト」の登場を概観した。まだ途上にあるDX（デジタルトランスフォーメーション）の実態を踏まえ，「新たな価値」が創造され「ヒト（人材）の可能性」が広がるかどうか，経済課題と社会課題が同時に実現されるかどうかは，ビジネスと社会のイノベーションにかかっていること，そのためには一方で新しいライフスタイルや価値観，行動規範の革新，顧客体験の革新，他方でそれらをもたらす組織イノベーション，企業のブランド理念，ビジョン，ミッション，バリューなど，創造的文化の形成と従業員の意識や働き方改革が不可欠であると結論づけた。

　第2章「ポストコロナ時代に求められるブランド・コミュニティの構築」では，2020年1月以降猛威を振るっているコロナ禍がもたらした“ニューノーマル”（新常態）の諸相を明らかにし，その中で求められている企業のビジネスやマーケティングをコトラー（P. Kotler）のMarketing5.0（先進テクノロジーと人間性の融合）を手がかりにしながら，CX（顧客体験）と新たな顧客価値の実現，カスタマージャーニーを踏まえた顧客関係管理を進めるブランド戦略であるBrand 5.0，企業内外のブランド・コミュニティの構築とそのためのインターナルブランディングの必要性を示した。

　第3章「インターナルブランディングとは何か」では，日本よりも格段に進んでいる欧米の研究を中心に，インターナルブランディングの概念の誕生から今日まで議論されてきたさまざまな定義を取り上げ，その考え方の核となるものやその手段であるツールの存在などを提示した。

　第4章「ブランド主導型組織の実現」では，企業文化の重要性とその文化がインターナルブランディングでは極めて大きな役割を果たしていることや，セクショナリズムではインターナルブランディングが実現できないことなどを事例を通じて検証した。

　第5章「ブランド浸透のための人事施策」では，人事制度，教育制度，なかでも将来のブランドリーダーになり得るかもしれない有能な人材に対する研修制度の事例から，HRM（人的資源管理）がインターナルブランディングにいかに必要であるかを検証した。

　第6章「“Living Brand”（ブランド体現）」では，第3章の定義などを踏まえて，実際にインターナルブランディングを意識してブランド体現を実践している事例を通じて，インターナルブランディングが目指す“Living Brand”の姿を示した。

　企業や国・地域・都市のブランディングは，これまで対外的なステークホルダーに対するコミュニケーションを中心とするエクスターナルブランディングにウエイトが置かれてきた。しかし，気候変動や新型コロナウイ

ルス感染症（COVID-19）のパンデミックやSDGsに集約されるいわば人類的な"危機"に直面する中で根本的な社会課題の解決を図ろうとすると，「ヒト」の価値観や行動規範の革新をともなう社会や企業のドラスティックなイノベーションが求められる。インターナルブランディングを通じた"Living Brand"（ブランド体現）は，そうした"危機"の時代にあってブランディングを完結させ，効果的・効率的なその展開を実現するものであると考えられる。

第 1 章

DXの展開と
ビジネス・イノベーション

・Society 5.0＝超スマート社会の到来

・AI＆IoTと「スマートコネクテッドプロダクト」の登場

・DX（デジタルトランスフォーメーション）の展開

・社会とビジネスのイノベーション―顧客体験と組織デザインの視点

1-1　Society 5.0＝超スマート社会の到来

　経済産業省「新産業構造ビジョン」（2017年5月）によれば，現在は「第4次産業革命」が進行中である。それは技術の変化がもたらした社会の変化に他ならない。

　蒸気機関という動力を取得する第1次産業革命は，狩猟社会や農耕社会を工業社会に移行させた。その中で第2次産業革命が起きて，蒸気機関から電力・モーターへと動力が革新された。コンピュータの開発がもたらした第3次産業革命によって自動化が進み，情報社会に移行した。

　現在進行中の第4次産業革命は，少なくとも次の4要素によって推進される。

　① IoT——実社会のあらゆる事業・情報がデータ化され，ネットワークを通じて自由にやりとりされる。

　② ビッグデータ——2年ごとにデータ量が倍増するといわれる世界規模での大量のデータを指数関数的に性能が進化するハードウェアで分析し，新たな価値を生む形で利用可能にする。

　③ AI（人工知能）——ディープラーニング等によりAI技術が非連続的に発展するとともに，機械が自ら学習し人間を超える高度な判断が可能になる。

　④ ロボット——多様かつ複雑な作業について自動化が可能になる。

　その結果，これまで実現不可能と思われていた社会が実現するというのである（図1－1を参照）。

　世界経済フォーラムの創始者，会長であるシュワブは，第4次産業革命を特徴づけるものとして，①偏在化しモバイル化したインターネット，②小型化し強力になったセンサーの低価格化，③AI・機械学習，をあげた（Schwab，2017）。

それらによって，大量の情報をもとにAI（人工知能）が自ら考えて最適な行動をとることができるようになり，自律的な最適化が可能になる。このような社会がSociety 5.0である。それは「サイバー空間（仮想空間）とフィジカル空間（現実空間）を高度に融合させたシステムにより，経済発展と社会的課題の解決を両立する，人間中心の社会（Society）」といわれる。

2016年1月に閣議決定された「第5期科学技術基本計画」では，科学技術イノベーション政策を経済，社会および公共のための主要な政策として位置づけ，それを強力に推進することを謳っている。具体的には，知識や価値の創出プロセスが大きく変貌し，経済や社会の在り方，産業構造が急速に変化する大変革時代が到来している中で，ICTの進化やネットワーク化といった大きな時代の潮流を取り込むことによって未来の産業創造と社会変革に向け，「未来に果敢に挑戦する」文化を育み，人々に豊かさをもたらす「超スマート社会」を未来の姿として提起した。

この「超スマート社会」は，「必要なもの・サービスを，必要な人に，必要な時に，必要なだけ提供し，社会のさまざまなニーズにきめ細かに対応でき，あらゆる人が質の高いサービスを受けられ，年齢，性別，地域，言語といったさまざまな違いを乗り越え，活き活きと快適に暮らすことのできる社会」と定義される。

その内容は4点ある。①新しい価値やサービス，ビジネスが次々と生まれる仕組み作りを強化する。②国際協調の中にも戦略性をもって科学技術イノベーションを活用し，国内外の課題の解決を図る。③いかなる変化にも柔軟に対応するため，科学技術イノベーションの基盤的な力を強化し，スピード感ある知の社会実装を実現する。④グローバルでオープンなイノベーションシステムを構築し，そこで輝く人材の育成・確保を進める。

また，このような社会では，例えば，生活の質の向上をもたらす人とロボット・AI（人工知能）との共生，ユーザーの多様なニーズにきめ細か

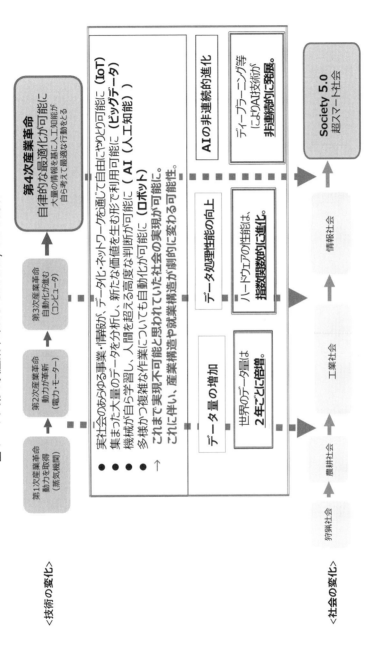

図1-1 ▶第4次産業革命によるSociety 5.0の到来

<技術の変化>

第1次産業革命　動力を取得（蒸気機関）

第2次産業革命　動力の革新（電力・モーター）

第3次産業革命　自動化が進む（コンピューター）

第4次産業革命　自律的な最適化が可能に　大量の情報を基に人工知能が自ら考えて最適な行動をとる

- 実社会のあらゆる事業・情報が、データ化・ネットワーク化を通じて自由にやりとり可能に（**IoT**）
- 集まった大量のデータを分析し、新たな価値を生む形で利用可能に（**ビッグデータ**）
- 機械が自ら学習し、人間を超える高度な判断が可能に（**AI（人工知能）**）
- 多様かつ複雑な作業についても自動化が可能に（**ロボット**）

→ これまで実現不可能と思われていた社会の実現が可能に。これに伴い、産業構造や就業構造が劇的に変わる可能性。

データ量の増加　世界のデータ量は**2年ごとに倍増**。

データ処理性能の向上　ハードウェアの性能は、**指数関数的に進化。**

AIの非連続的進化　ディープラーニング等による**AI技術が非連続的に発展。**

<社会の変化>

狩猟社会　→　農耕社会　→　工業社会　→　情報社会　→　**Society 5.0**　超スマート社会

出所）経済産業省産業構造審議会「新産業構造ビジョン」2017年5月より筆者作成。
https://www.meti.go.jp/press/2017/05/20170530007/20170530007-2.pdf

に応えるカスタマイズされたサービスの提供，潜在的ニーズを先取りして人の活動を支援するサービスの提供，地域や年齢等によるサービス格差の解消，誰もがサービス提供者となれる環境の整備等の実現が期待される（内閣府ホームページ）。

　これを示したのが図1−2である。

図1−2 ▶ Society 5.0で実現されること

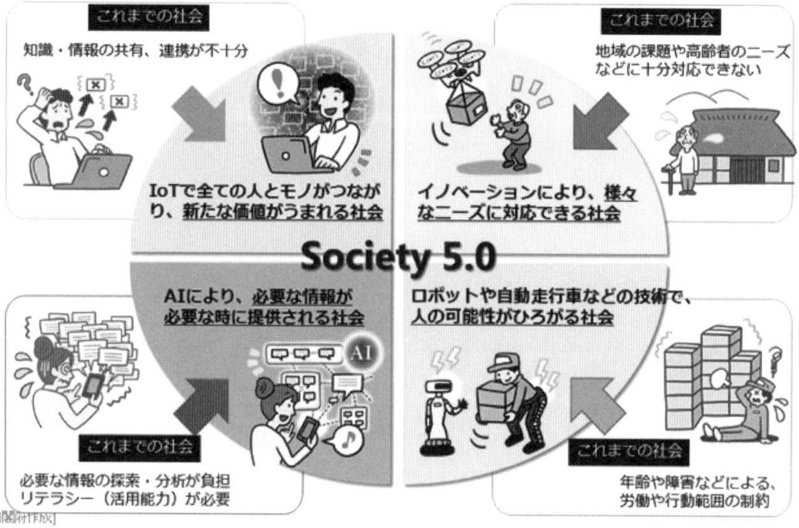

出所）内閣府HP
　　　https://www8.cao.go.jp/cstp/society5_0/

　現在策定中の「第6期科学技術基本計画」では，コロナ禍の経験等を踏まえ，Society 5.0の具体化にはSDGsの実現が重要であり，それを目指すにあたり，デジタル化やデータ連携・活用を核とし，日本の価値観（共益）を盛り込むことで実現される知識集約型社会の「Japan Model」を提唱していくことが指摘されている（「科学技術・イノベーション基本計画

の検討の方向性（案）」（概要））。

　とはいえ，「新産業構造ビジョン」や「第5期科学技術基本計画」でいうところのSociety 5.0のもとで，「これまでの社会」で困難とされていた「さまざまなニーズへの対応」「新たな価値の創造」「必要な情報が必要なときに提供される」「人の可能性が広がる」という課題が果たして解決されるかどうかは疑問である。とりわけ経済発展と社会的課題の解決を両立させるのは極めて難しいというのも事実である。生活に利便性と豊かさをもたらし，寿命の延伸による高齢化，経済のグローバル化にともなう国際競争の激化，富の集中や地域間の不平等，さらに温室効果ガス（GHG）排出の削減，食料の増産やロスの削減，高齢化などにともなう社会コストの抑制問題などについては具体的かつ思い切った方策が求められている（内閣府）。

　その際，鍵になると考えられるのは，①イノベーション力，②研究力，③人材・資金の確保，である。このうち①イノベーション力では，「行動変容や新たな価値を生み出す社会システム基盤の構築」「個人のニーズに応じた多様な働き方・暮らしの実現」，③人材の確保では，「新たな社会で活躍する『変化対応力』や『課題設定力』を持つ人材の育成」が求められる（「科学技術・イノベーション基本計画の検討の方向性（案）」（概要））。

1-2　AI＆IoTと「スマートコネクテッドプロダクト」の登場

　Society5.0では，ネットワーク化やサイバー空間利用の飛躍的発展と相まって，消費者のニーズに合わせた新たな価値をもつ製品やサービスが生まれる。複数の異なるシステムを連携協調させることが進み，それにより多種多様なデータを収集・解析し，連携協調したシステム間で横断的に活用できるようになる。もの×もの，人間×機械・システム，企業×企業，

人間×人間（知識や技能の継承），生産×消費といったさまざまなつなが
りによる新たな付加価値の創出が可能になり，従来，独立・対立関係に
あったものが融合し変化する中で，「人間中心の新たな社会」が形成され，
そのもとで「人間中心の新たなビジネスモデル」も誕生するという。

　ICTの進化やネットワーク化，AI＆IoT，ロボットなどの普及は産業の
在り方を変化させる。マーケティングやブランド戦略から見て重要なのは，
インターネットを介してさまざまな情報が「もの」とつながるIoT
（Internet of Things），すべてとつながるIoE（Internet of Everything）
が飛躍的に広がった結果，Connected Productsが登場し，Connected
Industriesがリーディング産業となってきたことである。

　自動車業界におけるEVや自動運転技術をはじめ，家電や電子産業，住
宅業界，食品，医療，金融，サービスなど生活のあらゆる分野がネット
ワーキングされる中で，"つながる製品" "つながる企業" "つながる生活
者" が台頭してきている。

　トヨタ自動車の豊田社長は「瀬戸際の戦い」を迫られているとして，コ
ネクテッドカー（C），自動運転（A），シェアリング（S），電動化（E）
の「CASE」に代表される技術変革の波が押し寄せ，「AIや自動運転の進
化などクルマの定義が変化している」と述べている。「これからの競争相
手にはトヨタの価値観やスピード感は通用しない」「相手はIT（情報技術）
やベンチャーなどの異業種」だとして，現在を「100年に１度の大変革時
代」と捉え，トヨタはクルマ会社からモビリティ会社に変革すべきである
として「スピード」と「オープン」を強調した（『日本経済新聞夕刊』2018年
４月２日付，『日本経済新聞』（電子版）2018年４月３日11：30，『日経産業新聞』
2018年４月２日付）。

　自動車が「サービスのプラットフォーム」になり，IT（情報技術）企
業や通信事業者が自動車分野に参入したり，自動車メーカーと提携する可
能性も増えてくる。例えば，日産とディー・エヌ・エー（DeNA）が無人

タクシーの実証実験を2018年3月より始めた。DeNAが手がけるのは乗客が使うアプリで，乗車前にアプリに音声入力で「ハンバーガーが食べたい」と吹き込むと，画面に目的地周辺にある店舗が表示される。走行中，後部座席のタッチパネルには飲食店などで使える割引クーポンを表示し，ボタンを押せばスマホにダウンロードされ，店舗で使うことができる。DeNAは，消費者データを車からも取得して，各種サービス事業に活用する（『日本経済新聞』（電子版）2018年2月23日23：02）。

トヨタの「コネクティッドサービス」は，クルマとトヨタスマートセンターが通信でやりとりすることで安心・安全，快適・便利なサービスを提供するサービスである。それは，①緊急事態でも安心（もしもの時に，ドライバーやクルマを守るサービス），②危険回避するから安心（クルマが危険を察知してドライバーに伝えるサービス），③最適な情報を提供してくれるから安心（その時知りたい情報をすばやく入手できるサービス），④スマホとつながっているから安心（クルマから離れても，マイカーの安心が確認できるサービス），⑤その他のサービス（カーライフを便利に楽しくするサービス），の5つのサービスからなる（トヨタHP）。

クルマはもはや単なるヒトやモノの「移動・運搬手段」ではなく，スマートフォンと同様に動くプラットフォームに他ならない。これを示したのが図1－3である。

このようにIoTやAI（人工知能）技術が生活のさまざまなシーンに取り入れられ，膨大な情報が生成・伝達されることが想定されるが，既存の情報通信システムには伝送能力や処理能力の点で限界も生まれ，通信量のさらなる増加やネットワークの複雑化，通信要求過多による遅延が避けられない。

そこで，NTTは2019年5月，ICTを超える革新的なテクノロジー，ネットワーク・情報処理基盤構築に向けて「IOWN（アイオン／Innovative Optical and Wireless Network）構想」を打ち出し，2020年3月，トヨタ

22

図1-3 ▶ トヨタ自動車のコネクティッドサービス

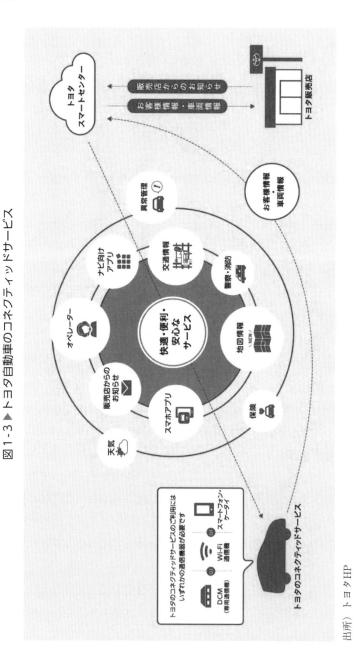

出所）トヨタHP
https://toyota.jp/tconnectservice/service/?padid=ag504_from_tc_about

と「スマートシティプラットフォーム」の実現に向けて業務資本提携に合意した。

　一方，NTTデータは2020年4月，トヨタが展開するこのようなモビリティサービス・プラットフォーム（MSPF）の機能・サービスの拡張やコネクテッドカーの展開拡大に向け，業務提携を開始した（https://jidounten-lab.com/u_ntt-autonomous-matome）。

　このような取組を通じてトヨタ＝NTT連合が対抗しようとしているのは，Uberである。Uberは，2009年にシンプルな操作で利用できる配車サービスとしてスタートしたスマホ向け「タクシー配車アプリ」（63ヵ国の従業員で22,000名）からスタートしたが，現在は目的地への移動手段を提供するだけでなく，自動運転技術，チャーター便，手頃な料金でのスピーディな料理の配達，医療サービスの格差縮小，新しい貨物運送のソリューション，従業員の出張をスムーズにするための企業向けサービスなど，「未来を身近に感じるサービス」のビジネス・プラットフォームに成長した。コスロシャヒ（D. Khosrowshahi）によれば，Uberの成功の要因は優れた実行力とプラットフォームの強さ，数千万人の消費者とパートナーからなるネットワークである。

　トヨタとNTTグループが目指すネットワーク・情報処理基盤の中心にあるのは，Porter and Heppelmann（2015）のいう，「スマートコネクテッドプロダクト：Smart, Connected Products」（接続機能をもつスマート製品）である。それは，①物理的要素（機械部品と電気部品：自動車を例にとると，エンジン・ブロック，タイヤ，バッテリーなど），②「スマート」な構成要素（センサー，マイクロプロセッサー，データストレージ，制御装置，ソフトウエア：自動車のエンジン・コントロール・ユニット，ABS，自動ワイパー付き水感知式ウインドシールド，タッチパネル・ディスプレーなど），③接続機能（製品を有線ないし無線通信を介してインターネットに接続するためのポート，アンテナ，プロトコル：自動車が診

断用機器，性能モニタリング，サービス，GPSと接続される）という三つの柱で成り立っている。これらによってモニタリング，制御，最適化，自律性を備えることが可能になる。製品利用データの活用に基づく新たな特性として，レスポンス時間，オートメーション，ネットワーク，信頼性，セキュリティ，ユーザーインタフェース，アップグレードが容易になる一方で，事業再編に向けた圧力がもたらされ，強い新規参入企業の可能性も増大する。

マーケティングの面では，製品使用データの蓄積・解析を通じて，製品が顧客にいかなる価値をもたらすかがわかり，それを新たな軸での市場のセグメンテーション，製品のリポジショニング，顧客への製品価値のより効果的なコミュニケーションに活用することができるようになる。

1-3 DX（デジタルトランスフォーメーション）の展開

新たなデジタル技術を使ってこれまでにないビジネスモデルが登場しゲームチェンジが起こっている今日（経済産業省，2020年），企業が競争力を維持・強化するために求められているのがDX（デジタルトランスフォーメーション）に他ならない。

2018年9月，経済産業省は「DXレポート～ITシステム『2025年の崖』の克服とDXの本格的な展開」と題する報告書をまとめた。

そこでは，IDC Japan（IDC Japan株式会社）が行ったDXの定義，「企業が外部エコシステム（顧客，市場）の破壊的な変化に対応しつつ，内部エコシステム（組織，文化，従業員）の変革を牽引しながら，第3のプラットフォーム（クラウド，モビリティ，ビッグデータ／アナリティクス，ソーシャル技術）を利用して，新しい製品やサービス，新しいビジネス・モデルを通して，ネットとリアルの両面での顧客エクスペリエンスの変革

を図ることで価値を創出し，競争上の優位性を確立すること」が踏襲されている。

　DXを実行するためには，ITシステムの見直しやデジタル技術を活用してビジネスをどのように変革するかという経営戦略が必要であり，それを実行する体制や企業組織内の仕組みの構築等が不可欠となる。しかし，現状について「DXレポート」は，DXが必要であるとの認識は高まっているものの，新たなデジタル技術を活用してビジネスを変革していく経営戦略や具体的な方向性を模索している企業が多く，事業部ごとの最適化を優先し全社最適に向けたデータ利活用や既存システムの刷新が実現されていないこと，さらにIT人材の不足など既存の企業システムの問題点や課題を示している。

　「DXレポート」に続いてすぐに「DX推進システムガイドライン」を策定したのは，①企業経営者がDXを実現するうえで基盤となるITシステムに関する意思決定に関して押さえるべき事項を明確にし，②取締役会メンバーや株主がDXの取組みをチェックするためである。このガイドラインで，DX実現に向けた新たなデジタル技術の活用，レガシーシステム刷新のための適切な体制・仕組みや実行プロセスにおける指針が示された。

　2020年12月，経済産業省はコロナ禍を受けて「DXレポート2（中間取りまとめ）」を公表した。独立行政法人情報処理推進機構（IPA）がまとめた10月時点でのDX推進指標の自己診断結果は，回答企業約500社のうち実に全体の95％の企業がDXに全く取り組めていない（DX未着手企業）か，取り組み始めた段階（DX途上企業）であるという驚くべき事実が明らかになったことを受けてのものである。「DXレポート」の発表から2年が経過して，デジタル変革に対する現状への危機感をもつ国内企業は増加しているものの，「DXの取組みを始めている企業」と「まだ何も取組めていない企業」に二極化しつつあるという状況が明らかになった。新型コロナウイルス感染症の世界的な流行により，企業を取り巻く環境は急激に不安定

図１－４▶わが国におけるDXが進まない要因

		Why DXの目的が分からない	What どうすればDXになるのかが分からない	How DXの進め方が分からない
社内	経営層	経営者がビジョンを描けていない（経営者の成熟度，マインドが異なる）	DXという言葉は知っているが，DXの狙いを理解していない	DXの取組がPoCどまり（仮説検証の失敗理由を深堀りしていない）
社内	CIO CDO	経営者がIT・デジタルの重要性・取り組む意図を理解できていない	デジタルが目的化している	DX推進に必要な体制が不十分
社内	CIO CDO	本来DX推進を担うべきCIO/CDOに権限や役割が与えられていない	DXの役割分担や範囲が不明確	自社特有の事情を含めて検討できず，他社事例をそのまま適用
社内	CIO CDO	オーナーシップを持たず，IT部門に丸投げしている	DX推進の号令が具体的な指示に落とし込めていない	
社内	事業部門		部門ごとに「DXでやりたいこと」がバラバラ（組織としての方向性がない）	全社横断的な取組ができていない（個別部門ごとの対応）
社内	事業部門／IT部門	DXとはどのようなものか解釈・企画する人材が少ない	IT部門でしかやっていない（事業部門とのコミュニケーション不足，経営層の意向を汲んでいない）	使いたい技術ありきになってしまってビジネスの話が出ない
社内	IT部門	DXにおいても御用聞き（受け身体質）になっている	既存のITシステムの仕様が不明確	既存システムをどこから切り崩せばいいかわからない
社内	IT部門			システム刷新自体が目的化（再レガシー化の原因へ）
社外	外部関係者（ベンダ・コンサル等）	経営者自身の言葉でDX，デジタルビジョンを発信していない	自身のITシステムを把握しないまま，結果として，ベンダ企業に丸投げ	オープンイノベーション等外部を巻き込んだ取組方法が分からない

出所）経済産業省「デジタルトランスフォーメーションの加速に向けた研究会　WG1 全体報告書」
https://www.meti.go.jp/press/2020/12/20201228004/20201228004-4.pdf

図1-5 ▶ コロナ禍を契機に企業が直ちに取り組むべきアクション

業務環境のオンライン化	業務プロセスのデジタル化
・テレワークシステムによる執務環境のリモートワーク対応 ・オンライン会議システムによる社内外とのコミュニケーションのオンライン化	・OCR製品を用いた紙書類の電子化 ・クラウドストレージを用いたペーパレス化 ・営業活動のデジタル化 ・各種SaaSを用いた業務のデジタル化 ・RPAを用いた定型業務の自動化 ・オンラインバンキングツールの導入
従業員の安全・健康管理のデジタル化	顧客接点のデジタル化
・活動量計等を用いた現場作業員の安全・健康管理 ・人流の可視化による安心・安全かつ効率的な労働環境の整備 ・パルス調査ツールを用いた従業員の不調・異常の早期発見	・電子商取引プラットフォームによるECサイトの開設 ・チャットボットなどによる電話応対業務の自動化・オンライン化

出所）経済産業省「DXレポート2（中間取りまとめ）」（概要）
　　　https://www.meti.go.jp/press/2020/12/20201228004/20201228004-3.pdf

化し，新たな事業環境に合わせた事業変革はあらゆる業界において最優先の取組事項となっており，迅速な環境変化への対応，システムのみならず企業文化をも変革していくことが，企業が取り組むべきDXの本質的な課題であると指摘している。

　「DXレポート2」は，コロナ禍を契機に企業文化やビジネスを「素早く」変革「し続ける」ことが常に変化する顧客・社会の課題を捉え，競争上の優位性を確立するうえで欠かせないことが明らかになってきた，と指摘する。具体的な課題としては，図1－5に示すように，①業務環境のオンライン化，②業務プロセスのデジタル化，③従業員の安全・健康管理のデジタル化，④顧客接点のデジタル化，の4点があげられている。

　この中で重要な点は，安心・安全かつ効率的な労働環境の整備，テレワークシステムやオンライン会議システムによる社内外とのコミュニケー

ションのように，従業員の就労環境やコミュニケーションの改善が謳われる一方，電子商取引プラットフォームによるECサイトの開設など「顧客接点のデジタル化」が取り上げられていることである。デジタル化を前提とした事業プロセスを進めながらも，労働者起点，顧客起点で見直しを行うことにより大幅な生産性向上や新たな価値創造が期待できるとした。特に「"顧客起点の価値創出"のための事業やビジネスモデルの変革」は，2018年の「DXレポート」にはなかった新しい観点である。前者については，ジョブ（仕事の範囲，役割，責任）を明確にし，そのうえでさらに成果の評価基準を定めるという「ジョブ型人事制度」の拡大や構想力をもち，明確なビジョンを描き，自ら組織を牽引し，実行することができるような「DX人材の確保」に力点が置かれている。

　経済産業省の考えるDXでは，将来の成長，競争力強化のために，デジタル技術を活用して新たなビジネスモデルを創出したり柔軟に改変することが強調された。その考え方のベースになっているのが，IDC Japanの「顧客，市場の変化に対応した企業の組織，文化，従業員の変革，とりわけ顧客体験の変革と新しい価値の創造が企業の競争優位の確立を図るためには不可欠である」という認識である。IDC Japan リサーチ バイスプレジデント 中村智明氏も「DXを従来の改革の延長と捉えている例があまりにも多い。顧客エクスペリエンスの変革が念頭にないのは問題だ」と指摘している。

　そもそもDXは，2004年にスウェーデンのウメオ大学のストルターマン（E. Stolterman）とフォーシュ（A. C. Fors）が提唱した概念である。彼らは，Simonson and Schmitt（2009）を参考にしながら，デジタル技術，特に情報技術が人間の生活全般に与える影響とその変化という観点から，システム，デバイス，ネットワーク，コミュニケーションのイノベーションと人間の体験・経験（humans experience），特にエスセティクス体験（aesthetics experience）に言及した（Stolterman and Fors, 2004）。

　企業がDXを通じてビジネスモデルを変革し，顧客や消費者だけでなく，従業員や外部パートナーも含めたエコシステムを形成するステークホルダーに新たな体験価値を提供し，DXエコノミーで経済的な成功を収めるためには，経営トップがリーダーシップを発揮し，全社的な変革のビジョンとゴールを示し，それにコミット（確約）することが不可欠である。目指すべき姿が漠然としている限り，現実的に実行可能なプランを具体化することはできない。しかしながら，多くの企業にとって，リーダーシップの変革とオムニエクスペリエンスの変革はいまだ途上にある。

1-4　社会とビジネスのイノベーション
― 顧客体験と組織デザインの視点

　ICTの進化にともなうネットワーク化やサイバー空間の飛躍的増大は，第4次産業革命の牽引役を担っており，わが国，そして世界の経済・社会が向かう大きな方向性を示している。莫大なデータから新たな知識が創出され，また過去には全く想定されていなかった異なる事象の結びつきや融合から一気に市場が広がるなど，さまざまな形でイノベーションが生み出される状況を迎えていることは間違いない。

　経済産業省「新産業構造ビジョン」（2017年5月）が提唱したSociety 5.0は，IoT，ビッグデータ，AI（人工知能），ロボットなどに代表される第4次産業革命によって「さまざまなニーズへの対応」「新たな価値の創造」「必要な情報が必要なときに提供される」「人の可能性が広がる」社会と考えられていた。

　このようなSociety 5.0が経済的課題だけでなく，ローカルおよびグローバルなコミュニティにおいて顕在化する環境，福祉，教育，途上国支援などの社会的課題の解決をもたらすためには，それがソーシャル・イノベーションと呼べるものでなければならない。単なる技術の革新を超えた知識

や価値観の革新とそれに基づく社会・経済システムの仕組みの革新ないし再編成が不可欠であり，「制度や文化，社会規範において新たな価値・新たな文化が創出される」ことが求められよう。これがまさに，ドラッカーのいうソーシャル・イノベーションである（Drucker, 1985, 1994）。そこではじめて経済的課題だけではなく社会的課題も同時に解決される。谷本（2006），谷本・大室・大平・土肥・吉村（2013）によれば，ソーシャル・イノベーションとは，新たな社会的価値が創出されることによって既存の制度が変革されることであり，「社会的課題の解決に必要とされる社会的商品やサービスの提供，あるいはその提供の仕組の開発」，「社会的課題の解決に取り組むビジネスを通して，新しい社会的価値を創出し，経済的・社会的成果をもたらす革新」に他ならない（野中・廣瀬・平田，2014：廣田，2017）。

　社会の変革というトランスフォーマティブ・イノベーションの考え方は，経済やビジネスにおけるイノベーションと密接に関連している。より正確にいうと，ソーシャル・イノベーションは，企業あるいはビジネスのイノベーションによって実現されるのであり，そこにおいては企業家精神が大きな役割を果たす。

　このことは，21世紀最大のビジネスモデルであるアメリカの"The Four""四騎士（Four Horsemen）"とも称されるビッグ・テックの創業者たち，Googleのペイジ（L. E. L. Page）とブリン（S. M. Brin），Appleのジョブズ（S. P. Jobs），Facebookのザッカーバーグ（M. E. Zuckerberg），Amazonのベゾス（J. P. Bezos）にMicrosoftのゲイツ（W. H. B. Gates Ⅲ）を加えた"GAFAM"や，中国のアリババグループ（阿里巴巴集団）の馬，テンセント（騰訊）の馬，日本の楽天の三木谷などを考えればよい。

　オープン・プラットフォームビジネスは，アクセス，複製，配付の限界費用がほとんどゼロのデジタル環境ないしビジネスの仕組みである。このプラットフォームビジネスがネットワーク効果によってデファクトスタン

ダードとなる中で，経済社会において次々に生み出される新しい知識やアイデアが，組織や国の競争力を大きく左右し，いわゆるゲームチェンジが頻繁に起こった。airbnb，Uber，instacartをはじめとするシェアリングエコノミーの新たなプラットフォームも同様である（Parker, Alstyne, and Choudary, 2016；McAfee and Brynjolfsson, 2017；Galloway, 2017）。新しい製品・サービスが次々と創出され，人々に利便性や豊かさだけでなく，ソーシャルメディアによるコミュニティというライフスタイルや価値観の革新をもたらしている。

　そもそもイノベーションとは，日本では「技術革新」と訳されることが多いが，中国では「創新」と訳されているように，新しいものを生産する，あるいは既存のものを新しい方法で生産することであり，「新しい方法・アイデア・製品をもたらすこと」「新しさ，オリジナル，珍しさ」「何か新しいものに変えること」「最初に新しいものをもたらすこと」（Oxford English Dictionary）である。

　イノベーションという言葉は，オーストリアの経済学者シュンペーターの「新結合（Neuer Kombinationen）」（Schumpeter, 1926）に起源をもつ。シュンペーターによると，経済発展は，人口増加や気候変動などの外的な要因よりも，イノベーションのような内的な要因が主要な役割を果たしており，新しいものを生産したり，既存のものや力を新しい方法で結合することによって実現される。循環・静態・均衡ではなく，発展・動態・軌道変更・均衡の推移，与えられた重心から他の重心への転換をもたらす「新しい組み合わせ」，これがイノベーションに他ならない。それは次の5つの要素からなる。

　①　新しい財貨，未知の財貨，新しい品質をもつ財貨の生産。つまり，新製品開発および新価値の創造，品質改善（プロダクト・イノベーション）。

　②　当該産業部門における未知の新しい生産方法の導入。科学的な新発

見に基づかない既存製品の作業効率の向上による生産時間短縮，コスト軽減商品などの新しい方法（プロセス・イノベーション）。

③ 当該国の当該産業部門が参加していなかった新しい販路や市場の開拓（チャネル・イノベーション）。

④ 原料あるいは半製品の新しい供給源の獲得（サプライチェーン・イノベーション）。

⑤ 新しい組織や経営手法の実現による独占的地位の形成，あるいは独占の打破（組織イノベーション）。

アターバックとアバナシー（Utterback and Abernathy, 1975）は，イノベーションをプロダクト・イノベーションとプロセス・イノベーションに区分けしている。プロダクト・イノベーションとは，新しい製品・サービスの提供を通じた新しい顧客体験の創出であり，プロセス・イノベーションとは，チャネル・イノベーション，サプライチェーン・イノベーションを含む組織イノベーションを通じた新しい企業システムの創出である（Abernathy and Utterback, 1982）。

新しい顧客体験の創出についていうと，アバナシーとアターバックによる，①インクリメンタル（漸進的）イノベーション，②ラディカル（根本的）イノベーション，同じくクリステンセン（Christensen, 1997）による，①「持続的技術・イノベーション」（製品・サービスの性能を高め顧客のニーズを満たすが，ある時点で顧客ニーズを超越），②「破壊的イノベーション」（製品・サービスの性能を引き下げ，従来の価値を覆し破壊してしまうが，現在はない価値や市場を生み出す）という2類型への分類が重要となる。顧客体験の程度や内容，その評価によっては「イノベーターのジレンマ」（業界トップになった優良企業は既存技術に固執したり，製品・サービスの改良に目を奪われる結果，破壊的な技術や製品の登場をともなうイノベーションによって失敗を招く場合がある）という事態に陥るからである。

　新しい企業システムの創出のためには，フェルナンドとコトラー
(Fernando and Kotler, 2011) が指摘する「トータル・イノベーション・
システム」，すなわち，組織をイノベーティブにするための4つの分野，
①イノベーションのための戦略的プランニング，②イノベーションプロセ
ス，③イノベーションの評価指標と報償，④創造的文化（背景または環
境），に取り組む必要がある。イノベーションのための戦略的プランニン
グとは，全社的な戦略や経営理念，目標と整合性をもつ組織イノベーショ
ンの優先事項や目標を定めること，イノベーションプロセスとは，アイデ
アをイノベーションに変えるためのツールの開発である。イノベーション
の結果を評価するための指標と報償制度も重要である。そして以上の3分
野は創造的文化と呼ばれる背景または環境の中で推進される。特に重要な
のは，創造的文化をもつ企業は，イノベーションへの関心と積極性にあふ
れているということである。創造的文化がよく発達した企業では，イノ
ベーションは話題にすら上らない。なぜならイノベーションは企業の
DNAに刻み込まれ，行動に組み込まれているからである。

　ソーシャル・イノベーションやビジネスのイノベーションを推進し，今
日の時代状況にふさわしい新たなビジネス機会や企業の新しい役割を探ろ
うとすると，画期的な製品・サービスや事業，さらに情報・データを集め
交換する場，モノやサービス展開の土台となる環境，売り手と買い手を結
びつける場である「プラットフォーム」，これら全体のイノベーションを
考えることが不可欠となる。その際の条件は2つある。

　第1の条件は，Society 5.0＝超スマート社会であれ，AI&IoTであれ，
DXであれ，それらがどのような新しいライフスタイルや価値観，行動規
範の革新をもたらすかである。顧客体験の革新につながるかどうかの検証
が求められる。

　第2の条件は，AI&IoT，DXに対応した組織イノベーション，企業の
理念，ビジョン，ミッション，バリューなど創造的文化の形成とそのもと

での従業員の意識や働き方の改革である。経営トップのリーダーシップと明確な目標に基づきながら，目標達成に必要なICTツールの活用がなされているかどうかが課題となる。

　ブランドは，消費者や顧客，生活者，企業で働く従業員，株主などすべてのステークホルダーにとってかけがえのない生活・行動規範である。それを所有・使用したり，応援したり，ブランドのために働いたりすることで，ヒトは自己の生活やライフスタイルに自信や誇りをもつ。既存の価値を転換させる存在であり，究極の競争手段の1つとなるブランド。価値の変化，情緒や経験といった心理的・行動的要素を捉えなおす一方で，安心，安全，絆，社会貢献などの視点を取り込みそれをブレークスルーすることが期待されるブランド。ブランドのイノベーションにつながるロードマップを描くことが現在求められている。

第 2 章

ポストコロナ時代に求められる
ブランド・コミュニティの構築

・コロナ禍がもたらした"ニューノーマル"(新常態)

・Marketing5.0 ― 先進テクノロジーと人間性の融合

・CX(顧客体験)と顧客価値の実現

・企業内外のブランド・コミュニティの構築 ― エクスターナルからインターナルへ

2-1　コロナ禍がもたらした"ニューノーマル" （新常態）

　新型コロナウイルス感染症は，2020年1月15日に日本国内での第1例目が確認されて以降，日本中に猛威を振るって，2021年2月時点での陽性者数は393,836人，入院治療等を要する者は43,820人，死亡者数は5,912人となっている。図2－1が示すように，2020年4月下旬頃をピークとする「第1波」，同8月上旬〜中旬の「第2波」，そして11月以降の「第3波」というかたちでパンデミック状況になり，2021年4月より3回目の緊急事態宣言が発令された。

図2−1▶新型コロナウイルス感染症の国内発生動向（2021年2月2日24時時点）

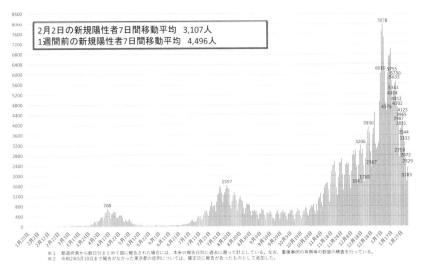

出所）厚生労働省HP
　　　https://www.mhlw.go.jp/content/10906000/000733181.pdf

　米ジョンズ・ホプキンス大学の集計によると，世界全体の新型コロナウイルス感染者数は2021年2月3日午後6時時点で，1億389.8万人であったが，最大の感染国である米国の累計感染者数は2,643.6万人，世界全体の25％で，インド1,077.7万人，ブラジル928.3万人と続いた。

　そうした中，2021年1月，IMF（国際通貨基金）は世界経済見通しを改訂した。政策支援とワクチン接種により経済活動が回復する見込みであるという。ただ，ワクチン接種によって2021年後半にはパンデミックが収束に向かうとの期待が高まっているものの，新たな感染の波や変異ウイルスの相次ぐ出現が懸念材料となっている。世界経済は異例の不確実性の中，2021年に5.5％，2022年に4.2％の成長を遂げると予測され，前回の予測から0.3％ポイント上方修正されている。これは，ワクチン接種の普及による後押しを得て，2021年後半には景気が加速するという期待と，いくつかの主要国における追加的な政策支援を反映している。

　内閣府が発表した2020年第3四半期（7〜9月）のわが国の実質GDP成長率は，前年同期比実質5.3％となり，前期のマイナス9.9％から大きく回復した。米国商務省が2021年1月28日に発表した2020年第4四半期（10〜12月）の実質GDP成長率（速報値）は，前期比年率4.0％，通年でマイナス3.5％というように改善の兆しが見えてきた（内閣府経済社会総合研究所）。とはいえ，政府による医療介入や政策支援の有効性，国際的な感染状況の影響，危機発生時の構造的問題などにより，今後も予断を許さないことに変わりはない。

　コロナ禍は生鮮食品，加工食品，介護用品を除く消費財市場にネガティブな影響を及ぼした。経済産業省がまとめた2020年上期の商業販売額のデータによると，商業販売額は，254兆7,660億円と前年同期比でマイナス10.6％，卸売業に比べて小売業は71兆2,490億円で同マイナス5.3％というように落ち込みはそれほどでもなかった。ただ，小売業態別に見ると百貨店が2兆457億円，前年同期比マイナス33.1％と落ち込み幅が最も大きかっ

表 2 - 1 ▶ IMF（国際通貨基金）の世界経済見通し

（実質GDP、年間の増減率、%）	推計 2020	予測 2021	予測 2022
世界GDP	-3.5	5.5	4.2
先進国・地域	-4.9	4.3	3.1
アメリカ	-3.4	5.1	2.5
ユーロ圏	-7.2	4.2	3.6
ドイツ	-5.4	3.5	3.1
フランス	-9.0	5.5	4.1
イタリア	-9.2	3.0	3.6
スペイン	-11.1	5.9	4.7
日本	-5.1	3.1	2.4
イギリス	-10.0	4.5	5.0
カナダ	-5.5	3.6	4.1
その他の先進国・地域	-2.5	3.6	3.1
新興市場国と発展途上国	-2.4	6.3	5.0
アジアの新興市場国と発展途上国	-1.1	8.3	5.9
中国	2.3	8.1	5.6
インド	-8.0	11.5	6.8
ASEAN原加盟国5か国	-3.7	5.2	6.0
ヨーロッパの新興市場国と発展途上国	-2.8	4.0	3.9
ロシア	-3.6	3.0	3.9
ラテンアメリカ・カリブ諸国	-7.4	4.1	2.9
ブラジル	-4.5	3.6	2.6
メキシコ	-8.5	4.3	2.5
中東・中央アジア	-3.2	3.0	4.2
サウジアラビア	-3.9	2.6	4.0
サブサハラアフリカ	-2.6	3.2	3.9
ナイジェリア	-3.2	1.5	2.5
南アフリカ	-7.5	2.8	1.4
備考：低所得途上国	-0.8	5.1	5.5

出所：国際通貨基金 2021年1月「世界経済見通し（WEO）改訂見通し」

注：インドについては、データと予測が財政年度で表示されており、2020–2021年度は2020年4月に始まった。
インドの成長率を暦年ベースで見ると、2020年が-7.6%、2021年が11.0%。

国際通貨基金　　　　　　　　　　　　　　　　IMF.org

出所）　IMF HP
https://www.imf.org/ja/Publications/WEO/Issues/2021/01/26/2021-world-economic-outlook-update

た。コンビニエンスストアは5兆6,380億円，同マイナス4.5％の一方，ドラッグストアは3兆6,222億円，同9.3％，スーパーは7兆3,343億円，同3.8％とプラスであった。

　商品別で見ると，百貨店は，「婦人・子供服・洋品」「その他の商品」「飲食料品」「身の回り品」，コンビニエンスストアは，「ファーストフード及び日配食品」「サービス売上高」等ほぼすべての項目が減少したことから販売額が落ち込んだ。他方，ドラッグストアは「ビューティケア（化粧品・小物）」の販売額が減少したものの，店舗数が前年同期比4.0％増加し，「食品」「家庭用品・日用品・ペット用品」等の販売額が増えたこと，スーパーは「婦人・子供服・洋品」「紳士服・洋品」等が減少したものの「飲食料品」等が増加したため全体として増加となった。

　その中で，社会経済生活における“ニューノーマル”（New Normal：新常態）が生まれた。市場調査会社のマクロミルが2020年5月に全国の16～79歳の男女3,096人に対してインターネットリサーチで実施した「コロナの影響に関する消費者調査」によれば，新型コロナウイルス感染症拡大および緊急事態宣言下における「生活スタイルの変化」として，①外出を控えるようになった，②自炊が多くなった，③買い物の回数が減った／買い物の時間が変わった，④プライベート時間の使い方が変わった，⑤勤務環境が変わった，⑥人との関わり方が変わった，⑦感染予防対策をする，の7点があげられている。

　米国MetrixLab社が2020年4月に実施したオンライン定性調査によると，次の4つの新たな傾向が見られた。

① 感染拡大が進む国が多い中，日常生活への影響や収入への不安が増大しており，先行きが見えない不安や恐怖を感じている。

② 運動，食事，手洗いや消毒など，健康維持や衛生習慣に配慮する人が増え，危機が収束した後でもそれらの習慣が根づき，維持していきたいと考えている。

図2－2 ▶2020年上期の商業販売額

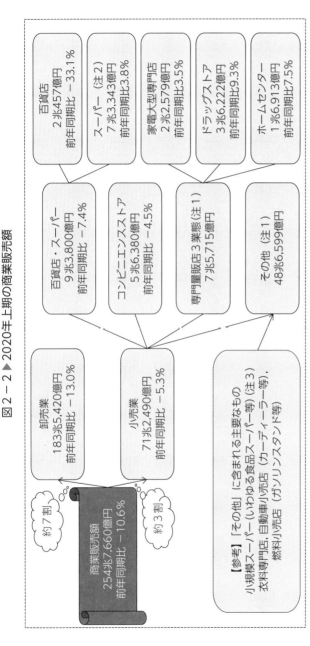

注1）「専門量販店3業態」と「その他」の数字は、経済解析室で計算した値。

注2）従業者50人以上の小売事業所のうち、売場面積の50%以上についてセルフサービス方式を採用している事業所であって、売場面積が1500m²以上の事業所（ただし専門量販店3業態に該当するものは除く）。

注3）「その他」に含まれる「小規模スーパー（いわゆる食品スーパー等）」とは、（注2）に該当しないスーパー。

出所　経済産業省HP「2020年上期小売業販売を振り返る」

https://www.meti.go.jp/statistics/toppage/report/minikeizai/pdf/h2amini142j.pdf

なお、原資料は経済産業省「商業統計」。

表2−2▶新型コロナウイルス感染症（COVID-19）による［生活スタイルの変化］

外出を控えるようになった

- 外出ができずに家の中での時間が増えた
- 日常の買い物以外の外出は自粛している
- 家から一歩も出ない日が多くなった
- 職場と自宅の行き来以外はなるべく外出しない
- 外出、外食の機会が減り、お金を使わなくなった

自炊が多くなった

- 外食が少なくなり、内食が増えた
- 毎日3食ご飯を作るようになった
- 子供の学校が休校になり、お昼ご飯も作るようになった

買い物の回数が減った／買い物の時間が変わった

- 買い物は元々よく行っていたが、週2回程度となり、人との接触に気を付けている
- 買い物に行く回数を減らしたため、一度に買う量が多くなったり先々の不安から普段買わないものまで多く買うようになった
- 買い物の回数が減り、店内滞在時間が短くなった
- スーパーは空いている時間に行くようにしている
- できるだけ外に出ないで済ませられるように、買い物の内容や量に気を配るようになった
- 無駄な買い物が減った

プライベート時間の使い方が変わった

- 読書や通信教育などの自己啓発に時間を使っている
- ジムに行けず運動不足になっている
- 時間を持て余している

勤務環境が変わった

- 仕事量が減り出勤時間が半分以下になった
- 仕事の休みが多くなった
- 三密を避けるため、勤務時間を減らした
- 在宅勤務になった

人との関わり方が変わった

- 家族以外との関わりがなくなった
- 友人と会わなくなった
- テレビ電話が増えた

感染予防対策をする

- 手洗いやアルコール消毒をマメにする
- 外出時のマスク着用
- 人との接触をなるべく避ける

出所）マクロミルHP「コロナの影響に関する消費者調査」
https://www.macromill.com/contact/files/report/j195_u5xpdb.html

③ 自宅にいる時間が増えて家族のありがたみや交流の大切さを実感。
　反面，ストレスもたまるので発散が必要。

④ 窮屈な"巣ごもり"生活への見返りとストレスを発散するための解
　放感を実感することへの期待や外出意向も強くあらわれる。

　このように，国内外を問わず新型コロナウイルス感染症拡大という家庭
や会社，仕事や余暇，買い物など生活のあらゆる面で，これまで経験した
ことのない新しいライフスタイル，生活意識・行動が見られるようになっ
た。これが，"ニューノーマル"（新常態）である。

2-2　Marketing5.0
― 先進テクノロジーと人間性の融合

　"ニューノーマル"は企業のビジネスやマーケティングにも大きな影響
を与え，これまでにない新しい課題を提起する。

　2020年11月に「ワールド マーケティング サミット オンライン（World
Marketing Summit ONLINE：eWMS）」が開催された。「マーケティング
でより良い世界を」という理念のもと，コトラーが発起人となり，世界各
国で開催されてきたワールド マーケティング サミット（WMS）であるが，
新型コロナウイルス感染症の世界的拡大を受けて，今回は「Ideas for
Critical Times〜危機を乗り越えるためのアイデア〜」というテーマに
沿って経営の世界的権威など80名以上のスピーカーが，世界100ヵ国以上
の視聴者に向けて同時に映像を配信した。

　開催に先立つ「メッセージ」でコトラーや日本マーケティング協会会長
の藤重ライオン株式会社相談役は，次のように述べている。

　　　「新型コロナウィルスの世界的な大流行は，すべての業界と企業に
　　困難で不確実な時代をもたらしました。そのような中でも，マーケ
　　ターは常にポジティブであり続けなければなりません。最良のビジネ

　ス機会を求め，常に市場を開拓し企業と社会の発展につなげていく姿勢が重要なのです。」

　企業は，生き残りと資金繰りの管理を図りつつ，コロナとともに生きる今日の現実"ニューノーマル"に対応した新たなマーケティング戦略の策定，新たな製品やサービスの開発，新たなパートナーシップの構築，他社の買収など，先を見据えた新たなアイデア，施策，ソリューションが求められている。

　　「混沌とした時代は，常に新しいマーケティングと革新的な機会を生み出します。今がまさにその時です。」

　"ニューノーマル"はまさにビジネスやマーケティングに対して新たな課題を提起しているのである。

　コトラーは，「コロナ時代の新しいマーケティングの考え方（New Marketing Thinking in the Ave of Coronavirus)」と題する講演の中で，パンデミックは医療体制の不備，グローバルなサプライチェーンへの過度の依存による自国・地場の供給網の弱体化，「セーフティネット」の欠如，銀行融資の機能不全，政府のリーダーシップ，人員配置，テクノロジー活用などの脆弱性を露呈させたとして，完全な雇用回復と２％の年次経済成長率に達するには２〜４年かかると見通しを述べた。そのうえで，消費者はより安価なブランドにシフトする一方で，ラグジュアリーブランドは引き続き支持され，ニーズは二極化する，消費者の健康や食事への意識の高まり，職場であり食事や娯楽の場，家族の居場所になる「家」の価値の上昇などを受けて，「人々は自然や日々の生活に目を向けるようになり，地球環境，人種差別などの大きな課題に注目が集まっている」との見解を示している。

　今後伸びる消費行動には，①シンプルライフ派，②反成長派，③環境派，④「健全な食」派，⑤保護派の５つのグループをあげ，「無駄な消費を良しとしない価値観」をもっているとした。

　また新しいマーケティング・ツールとして，事業や市場，製品の選択と集中，価値提案の継続か修正の判断，マーケティング計画のリスク評価などが求められ，コロナ禍は経済を「伝統的な資本主義（Traditional Capitalism）」から「社会的な資本主義（Social Capitalism）」に移行させると結論づけた。これは現体制の社会志向の強まりとして注目される。

　講演でコトラーは「Marketing4.0はまもなくMarketing5.0に進化するだろう」と語った。新著『マーケティング5.0：人間と機械の融合』（2021）の中でコトラーは，Marketing5.0を「カスタマージャーニー全体における価値を創造し，コミュニケーションし，提供し，高める擬人的テクノロジーの応用」と定義した。テクノロジーは，企業の戦略に従いマーケターをサポートするものであるが，これまでと違ってMarketing5.0では，AI（人工知能），神経言語プログラミング（Neuro-Linguistic Programming：NLP），センサー，ロボット，拡張現実（Augmented Reality：AR），仮想現実（Virtual Reality：VR），IoT（Internet of Things），ブロックチェーンといったマーケターに匹敵する先進テクノロジーが駆使されている。

　それら先進テクノロジーに基づくMarketing5.0は，次の5つの要素からなる。

① WebやSNS，POS，各種センサーなどからオンライン経由でもたらされたビッグデータを駆使する「データに基づくマーケティング（Date‒Driven Marketing）」

② 統計モデルや機械学習による予測を使って効果を最大化していく「予測マーケティング（Predictive Marketing）」

③ スマートセンサーで顧客の性別や年齢などの情報を読み取り，対象や状況に応じて最適の提案を行う「文脈マーケティング（Contextual Marketing）」

④ ARゴーグルなどで人間の能力を増強してサービスを向上していく

「拡張マーケティング（Augmented Marketing）」

⑤ リアルタイムで分析を行い，その結果を速やかに顧客対応に反映させる「機動的マーケティング（Agile Marketing）」

　例えば，ネスレ日本では，外食産業などサービス産業における人手不足の問題を解決する一つの試みとして，2017年11月，「ネスカフェ・Pepper・duAroおもてなし無人カフェコーヒー」を「ネスカフェ 原宿」に導入した。これは，IoTやロボット技術を活用し，コーヒーマシンとロボットがつながり，無人でコーヒーを提供する新しい実験サービスであるが，コーヒーマシンをアプリと連動させることで見守り機能としても活用できるなど，IoTによる幅広いコーヒーの楽しみ方を提供するという試みである。ネスレのコーヒーマシン「ネスカフェ ゴールドブレンド バリス

図2－3 ▶「ネスカフェ・Pepper・duAro おもてなし無人カフェ」

出所）ニッポンドットコムHP
https://www.flickr.com/photos/nestlejapan/albums/72157662421329858
ネスレ日本HPプレスリリース
https://www.nestle.co.jp/media/pressreleases/allpressreleases/20171110_nescafe

タ 50［Fifty］」、ソフトバンクロボティクスの人型ロボット「Pepper」、川崎重工が製造・販売する人と共存可能な双腕スカラロボット「duAro」が連携し、注文の受付からコーヒーの提供までを自動で行ったり、顧客の顔と好みのコーヒーのレシピを記憶することで、再度注文をした際に同じコーヒーを提供することが可能になる（ネスレ日本HPプレスリリース）。

　Kotler, Kartajaya,and Setiawan（2010）によれば、マーケティングは、Marketing1.0（生産主導のマーケティング）からMarketing2.0（顧客中心のマーケティング）、Marketing3.0（価値主導・人間中心のマーケティング）、Marketing4.0（顧客の自己実現を目指すマーケティング）へと発展してきたが、現在はさらにそこからMarketing5.0（人間と機械の融合のマーケティング）へと進化しつつある（図2-4を参照）。

　ただ、最新のマーケティングとしてコトラーが提唱しているMarketing5.0

図2-4 ▶コトラーによるマーケティングの進化プロセス

Marketing 1.0	生産主導のマーケティング（製品をいかに販売するか）
Marketing 2.0	顧客中心のマーケティング（顧客の満足を通じたロイヤルティの獲得）
Marketing 3.0	価値主導・人間中心のマーケティング（精神的な満足感、イメージや価値、企業文化の向上）
Marketing 4.0	顧客の自己実現を目指すマーケティング（顧客のコミットメントとエンゲージメントを生み出す）
Marketing 5.0	人間と機械の融合のマーケティング（カスタマージャーニーの価値をいかに高めるか）

出所）Kotler, Kartajaya,and Setiawan（2010, 2017, 2021）

では，それを構成する5つの要素やネスレ日本の事例に見られるように，最新のテクノロジーやマーケティングへの応用による効率的・効果的なマーケティングが強調されている反面，Marketing3.0における精神的な満足感，イメージや価値，企業文化の向上やMarketing4.0における顧客のコミットメントとエンゲージメントのような目的ないしミッションが明確にされていない印象を受ける。

　「カスタマージャーニーの価値を創造し，コミュニケーションし，提供し，高める」としても，それは一体どのような顧客価値でいかなる関係性が構築されるのか，またカスタマージャーニーにおいて重要な位置を占める顧客体験がどのようなものかについてあまり言及されていないことが疑問として残る。むしろ，Marketing4.0でそうした点は詳しく論じられている。

2-3　CX（顧客体験）と顧客価値の実現

　今日，コロナ禍がもたらしたニューノーマル（新常態）への対応力が試され，これまでにない新しい消費体験や顧客体験，価値を提案することが企業やマーケティングに求められている。

　Tavsan and Erdem（2018）によれば，製品やサービスが，「ハード」としてはコモディティ化し，差別化が難しくなっている反面，「ソフト」としては趣味，嗜好やライフスタイル，また位置や行動，購買履歴など各種の個人情報の取得を通じて顧客ないし潜在顧客を個として認識し，製品の「ソフト」要素やサービスにおける「特別感」を提供することが容易になった。顧客が求めかつ共感する"体験"や"価値"，それがビジネスやマーケティングにおける原動力，始点であり終点となってきたのである。その意味で，現代は「関係性の時代」から「体験の時代」へと移行しつつあるといってよい（図2-5を参照）。

図2−5 ▶ 現代は「関係性の時代」から「体験の時代」へ

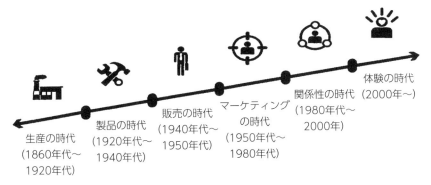

出所) Tavsan and Erdem（2018）

　「人々が本当に望んでいるのは製品ではなく，満足のいく体験である」にもかかわらず，「製品そのものに目を取られ，自分たちがどんな価値やサービスを提供しようとしているかを見ない」のは誤りである（Abbott, 1955）。

　そもそも消費者は「時間をかけて一連の思い出に残るイベント」体験を購入するのであり（Pine and Gilmore, 1998），その性質や形態に関係なく，すべてのサービス交換が顧客の体験につながる（Schmitt, Brakus, and Zarantonello, 2015）。

　このCX＝顧客体験ないし経験には，いくつかのタイプがある。『経験価値マーケティング』で有名なシュミット（Schmit, 1999）は，製品やサービスの購入と使用における「5つの経験価値モジュール」を提起した。

　① SENSE（感覚的経験価値）—視覚・聴覚・触覚・味覚・嗅覚という
　　　五感を通じ顧客の感覚に直接訴えかけるもの。
　② FEEL（情緒的経験価値）—顧客の内面にある感情や気分に訴えかけ
　　　ることによって情緒的に生み出されるもの。
　③ THINK（創造的・認知的経験価値）—顧客の知性や好奇心に働きか

けて創造力を引き出すもの。

④ ACT（肉体的経験価値とライフスタイル全般）—肉体的な経験や長期的な行動パターン，ライフスタイルに訴えるもの。

⑤ RELATE（準拠集団や文化との関連づけ）—集団社会における個人の自己実現への欲求や，自分の所属する集団・グループへの帰属意識に訴えるもの。

CX（顧客体験）は，本質的にホリスティック（全体論的）なものであり，顧客の認知的，感情的，すべての相互作用に対する感覚的，社会的，精神的な反応であるといえよう。そしてそれは顧客の求める価値に対応している。

Rintamäki, Kanto, Kuusela, and Spence（2006）によれば，総顧客価値は次の3つの顧客価値に分類される。

① 実用的価値（utilitarian value）—「節約」「利便性」といった生活上のタスク，仕事の達成に関連し，何らかのニーズの合理性やそれが効率的に充足されるかどうかが重要。

② 社会的価値（social value）」—「ステータス」や「自己尊重」を高める要素で，利他性や公共性が含まれ，使命感につながる。

③ 快楽的価値（hedonic value）—「エンターテインメント」や「探検」を通じた「喜び」や「楽しみ」をもたらす要素である。主観的，個人的で，高い関与，自由，ファンタジーをもたらし，現実逃避，気晴らしにもなる。

これを示したのが表2－3である。

コロナ禍がもたらした「ニューノーマル」（新常態）の中で企業やマーケティングに求められている新しい消費体験や顧客体験，価値について，ユーロモニターは，消費財やサービスをめぐるポストコロナ時代における新しい動きとして以下の4点を指摘している。

① 健康，美容，ファッションの分野では，倫理的価値を第1と考え，

表2－3 ▶ 3つのCX（顧客体験）と顧客価値

次元	実用的価値	社会的価値	快楽的価値
視点	認知的情報処理	シンボリック相互作用	経験
消費の目的	事前に定義された何らかの目的を実現する手段	記号を用いて社会的役割や自己概念をコミュニケーションしたり定義する手段	目的それ自身
便益の基準	経済的なもの：節約，利便性	ソーシャルなもの：ステータス，自己尊重	エモーショナルなもの：エンターテインメント，探検
犠牲	金銭，時間，努力	恥，認知的不協和	ストレス，ネガティブな感情
消費タイプ	ホモ・エコノミクス（経済人）	ホモ・ファベル（工作人）	ホモ・ルーデンス（遊戯人）
客観的，手段的　⇔　主観的，自己目的的			

出所）Rintamäki, Kanto, Kuusela, and Spence（2006）

贅沢を慎むという意識や消費体験が生まれる。

② 飲料・タバコの分野では，外食店の休業や閉店，ソーシャルディスタンスを確保するということから飲酒機会が減る。

③ 食品・栄養食品の分野では，家庭内での食機会が増加する結果，食材の買いだめが進んだり，オンラインの料理レシピをよく参照するようになる。

④ 家庭用品・技術用品の分野では，衛生の経済価値が高くなり，ヘルスハブとしての家庭の位置づけが見直される。

これらを先にあげた3つの顧客価値の点から整理すると，

① 実用的価値─ウエルネスの在り方やハイレベルな衛生の経済的価値を再定義していく中で，健康や幸福と営利目的や効率性との最適な

ミックスを調整すること。また消費者の買い物については，場所と方法のデジタル・ディスラプション（デジタルテクノロジーによる破壊的イノベーション）としてのサプライチェーンの多様化，Eコマース，クリックアンドコレクト，D2C（Direct-to-Consumer）を通じたフリクションレスな小売イノベーションを積極的に推進する。

② 社会的価値──"贅沢""社会の持続可能性"だけでなく"人間の生きる目的"も含めて倫理的，環境的な意識に基づく取組みや社会的，環境的，経済的利益を生み出すホリスティック（全体論的）なアプローチを採用する。

③ 快楽的価値──家庭内での家族や知人などによる体験型ホームであるホームテインメント（Hometainment）と対人機会と同じかそれ以上の価値をもつオンラインによる屋外での活動や仮想体験の双方に対応する。

衛生やウエルネス，生きる目的や社会環境などに関する新たな観点を確立し，家庭や職場の内外で，オンライン，オフラインの双方で，スマートテクノロジーを駆使しながらシームレスかつ効果的・効率的に，実用的価値，社会的価値，快楽的価値をベースにしたCX（顧客体験）を実現してエンゲージメントを強化すること，これが企業やビジネス，マーケティングに現在求められている課題である。

2-4　企業内外のブランド・コミュニティの構築
─ エクスターナルからインターナルへ

インターネットに常時接続され，寝室やトイレまで財布以上に肌身離さず持ち歩く携帯端末（＝スマートフォン）の普及によって，24時間，365日，情報を検索したり他人と共有した後に購入・消費を行う，そしてその結果をSNSで他人に発信することが当たり前となっている現在，顧客が製

品・サービスを通じて企業やそのマーケティング，販売・サービスの担当者とどのような関係を結び，相互作用を行っているかを知り，またそれを事前に予測しなければどんなビジネスも成り立たなくなった。

　今回のコロナ禍のような予期せぬ出来事の中でも，消費者は新たなブランドを使うことをいとわない傾向にある。とはいえ，多くの人は実績があり信頼できるブランドと新たなブランドの両方を使いたいと考えている。それゆえ企業には，既存ブランドへの信頼を維持しつつ，新たなニーズに応えるブランドを構築することが求められよう。

　日経BPコンサルティングはビジネスパーソン1,556人を対象に新型コロナウイルスに関する調査を2020年4月に実施した。その中で，企業の取組として「好感をもった，魅力的に映った，高く評価した」企業名をあげてもらったところ，シャープがダントツで第1位，東芝が第2位となった。シャープは他社に先行したマスク製造・販売に見られる経営判断および現場力が素晴らしいとの評価で2位以下を圧倒した。東芝は外出自粛を求める社会の要請に応えるかたちで，いち早くグループ全体で全拠点の原則休業を決断したことが高く評価された。

　イメージが変化した理由としては，やはり社会貢献を積極的に行っている企業が好感をもたれる傾向にあり，そうではなかったり，自社の従業員の安全性への配慮が足りない企業は信頼されずイメージもダウンしている。新型コロナウイルス感染症の拡大により，特に大きな影響を受けている事業者を支援する目的の「持続化給付金」事業の再委託を巡る不透明さが問題となった際には，電通などへの批判が高まった。アメリカでも同様で，Costco（会員制倉庫型卸売・小売）など多くのスーパーが高齢者専用の買い物時間を設けたり，Kroger（スーパー）が顧客向けに特別宿泊施設を提供していること，ウイスキーメーカーが消毒液を作っていることに好感がもたれた反面，皆が旅行に行けないのに水着の宣伝をしているカジュアルウエアの通販会社Land's Endにはネガティブな評判が寄せられた。

　新たな動きとしては，どの国にも共通して近年見られるのは，企業やブランドの利他的行動や積極的な社会的支援，寄付活動などに期待していることである。また，消費者への配慮に加え，従業員の安全に配慮している企業やブランドも好意的に受け止められる傾向がある。反対に自社の利益しか考えていないかのような行動やコロナ禍という現在の状況を踏まえていない広告宣伝は，特にネガティブに捉えられている。

　信頼できるブランドを構築ないし再構築する際に，有益な概念として用いられるのがカスタマージャーニー（customer journey）である。それは，購買前段階（ニーズ認識，考慮，探索），購買段階（選択，注文，支払），購買後段階（消費，使用，サービスへの要望，エンゲージメント）からなる意識，態度や行動であり，顧客と企業やブランドとの関係の中で行われる顧客体験の連続プロセスに他ならない。それを示したのが図2－6である。企業は，これを踏まえて顧客関係管理（Customer Relationship Management: CRM）を進めていく。

　アメリカマーケティング協会（AMA）の最新の定義（2017年）によれば，顧客関係管理とは，データベースやコンピュータ技術を顧客サービスやマーケティング・コミュニケーションと結びつけるマーケティングの考え方である。それは顧客データ（デモグラフィック，心理面，購買履歴面など）に基づきながら，Eメールや電話，広告，ウエブサイトなどによる首尾一貫し，パーソナライズされたone-on-oneマーケティング・コミュニケーションを通じて可能になる。Griffin（2002），Kotler et al.（2009）が定式化しているように，「顧客開発」（Customer-Development）は，可能性のある顧客→潜在顧客→トライアル顧客→リピート顧客→クライアント→メンバー→推奨者（advocator）→パートナーという8つのプロセスを経る（図2－7を参照）。このカスタマージャーニーの理解を踏まえた顧客関係管理において鍵をなすのが，先に見たCX（Customer Experience：顧客体験）である。

図2−6 ▶カスタマージャーニーのプロセスモデル

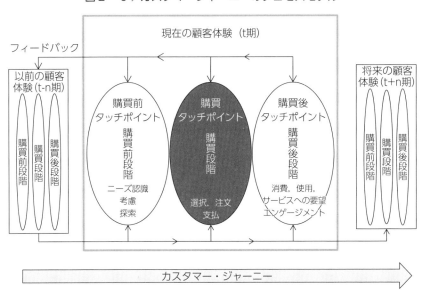

出所）Lemon and Verhoef（2016）を一部修正して筆者作成。

　企業および顧客にとってブランドが優れた価値を創造するためには，選択された顧客の獲得，維持，パートナー化がなされなければならないが，顧客とブランド，顧客と企業，顧客と製品，さらには顧客同士といった関係を社会学における社会的文脈の「豊かさ」という視点からダイナミックに捉えようとしたとき，“ブランド・ネットワーク”というフレームワークに行き着く。

　ネットワークを構成する単位になるリレーションシップは，企業と顧客との単なる売買という交換や取引の関係ではなく，新たな顧客価値の共創と共有を図るために売り手と買い手間や組織間＝エクスターナルステークホルダー（顧客や消費者，サプライヤー，流通チャネル業者，株主）だけでなく，組織内＝インターナルステークホルダー（経営者，従業員）との間での長期的で継続的かつリアルタイムな協調を進める枠組に他ならな

図2-7 ▶顧客開発プロセス

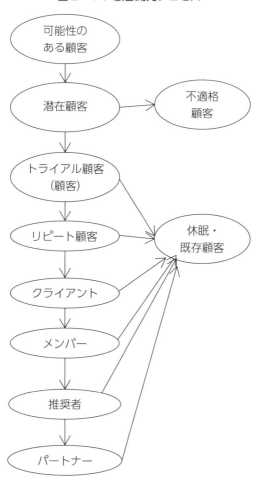

出所) Griffin (2002), Kotler, Keller, Brady, Goodman, and Hansen (2009)

い。「信頼と委託，調整と妥協，社会性と革新」に基づく関係がそこで形成されることになる。

　ブランドは，「識別したり差別化するための一定のまとまりと意味を持つ記号情報」であり，究極の競争手段の１つであるが，同時にそれは安心，

信頼，バリュー，感動，あこがれ，夢のネクサス（期待と約束）となる。価値の変化，情緒や経験といった心理的・行動的要素を捉え直す一方で，安全，安心，絆，社会支援，環境保全といったSDGs（持続可能な開発目標）やESG（環境・社会・ガバナンス）などの視点を取り込みブレークスルーすること，今日の時代状況にふさわしいブランドの新しい役割を探ることが必要である。画期的な事業や製品・サービスを開発する中でブランドは，エクスターナルステークホルダーだけでなくインターナルステークホルダーをも結びつけ，社会に対して存在感を示す「プラットフォーム」とならなければならない。

　そのためには，次に示すような企業内外の“ホリスティック（全体論的）・ブランディング”が求められる。

　① カタチないもののマネジメント　＆　カタチあるもののマネジメント

　② ストックのマネジメント　＆　フローのマネジメント

　③ 攻めのマネジメント　＆　守りのマネジメント

　④ デジタルのマネジメント　＆　アナログのマネジメント

　⑤ バーチャルのマネジメント　＆　リアルのマネジメント

　⑥ インターナルなマネジメント　＆　エクスターナルなマネジメント

　⑦ 時空超越型のマネジメント　＆　時空特化型のマネジメント

　⑧ ネットワークのマネジメント　＆　ダイアド(二者間)のマネジメント

　⑨ 動態的なマネジメント　＆　静態的なマネジメント

　⑩ 中長期的なマネジメント　＆　短期的なマネジメント

　⑪ 戦略的なマネジメント　＆　戦術的なマネジメント

　特に，ポストコロナ時代の企業のブランドデザインを考える際に欠かせないのが，企業の組織イノベーションである。今回の新型コロナウイルス感染症のパンデミックによって生活者のライフスタイルや購買・消費行動，ブランド態度，他方で競争のルールや構造などが大きな影響を受けている。その結果，ビジネス・イノベーションやマーケティング，さらにブランド

戦略の基本枠組みや方向性，内容も影響を受けざるを得ない。ブランドに対する安心・信用・信頼の役割が試され，顧客とブランドとの絆・コミュニティ価値（community value）への期待がますます高まっている。製品・サービスや企業，店舗とエクスターナルステークホルダーおよびインターナルステークホルダーとの一体感・絆・エンゲージメントの形成によるファンづくりであり，パートナーシップの構築である。

　経済社会が低迷し，閉塞感が強まる中，これまで以上にビジネスや生活に活力を与え，社会を元気にさせる“攻めのブランディング”とそれに向けたコミュニケーションが期待されている。それが成功するかどうかの鍵を握っているのは，AI（人工知能），センサー，ロボットなど先進的なテクノロジーを活かすためのマネジメントを行うヒトでありインターナルステークホルダーに他ならない。大きく期待されているのが，企業内のインターナルステークホルダーである経営者や従業員が“Living Brand”（ブランド体現）となることである。時代はエクスターナルブランディングからインターナルブランディングへのシフトを求めているのである。

インターナルブランディングとは
何か

3-1　インターナルブランディングの登場

　Berry, Hensel, and Burke（1976），Berry（1981），Grönroos（1981）
など，北欧のノルディック学派を中心とするサービス・マーケティング研
究や小売研究，組織論，HRM（人的資源管理），観光学などの分野から，
これまでインターナルマーケティングがさまざまに論じられてきた。わが
国では高橋（1994, 2014），木村（2007）平岩（2012），森村（2009），柴田
（2014）などがある。それは，サービス品質を向上させることを通じて顧
客満足を実現するためには，企業内の「顧客」である従業員にコンシュー
マリズムないし顧客志向の考え方を共有させたり，企業内の「顧客」であ
る従業員満足を実現することが重要であるという主張である。

　しかし，そこではブランドやブランディングがメインテーマとして取り
扱われることがほとんどなかった。1980年代に入り，ブランド・エクイ
ティという概念が普及する中でブランディングに注目が集まり，インター
ナルマーケティングとは似て非なるものとして，インターナルブランディ
ングがカテゴライズされていく。しかし，それでもインターナルブラン
ディングが注目されることはほとんどなかった。ブランドを消費者や社会
に対して発信するブランディングないしブランド戦略というと，これまで
主に広告・プロモーション，PRなどによって行われるブランディング，
すなわちエクスターナルブランディング（「アウターブランディング」と
もいう）と考えられてきたことが大きな原因である。

　企業におけるブランディングといえば，製品・サービスであれば，マー
ケティング部門や広告部門，企業のビジョンやミッションであれば，社長
直轄の経営戦略担当部門が行うものであり，企業のブランド・エクイティ
や資産的価値は財務部門，知財は法務や総務といった部門が関係するぐら
いであった。人事制度やそれを主に所管する人事部門は，企業のそうした

ブランド戦略とはおよそ無関係な部門と考えられている。ブランディングは，広告業，メーカーやサービス業のマーケティング部門が取り組むものであるという固定観念も影響しているかもしれない。それに加えて，私たちが毎日，エクスターナルブランディングに囲まれて生活していることも大きな要因だろう。例えば，テレビや新聞などのマスメディア広告や屋外広告，インターネット広告などはエクスターナルブランディングの代表例であり，それらを見たり聞いたりしない日はない。その結果，どうしてもエクスターナルブランディングばかりに目を向けてしまうのである。

　最初にインターナルブランディングという概念が文献として登場したのは，"どのように社員がブランド体現できるか"という問題提起を行ったKeller（1999）やThomson et al.（1999）である。海外ではインターナルブランディングという言葉は決して珍しいものではない。ヨーロッパでは，日本よりもはるかにインターナルブランディングに関する研究が盛んであり，2000年代の最初の10年間に多く見られた。企業買収や企業再編が頻繁に行われたことがそれに関係していると考えられる。インターナルブランディングは，会社の重要な転換期，例えば企業買収，M＆A，トップが交代するとき，新しいミッションを策定するときや改定したとき，新しい製品・サービスや事業がスタートするときなどに用いると効果的である。社員にとっては，これから会社がどのようになるのかという現状や将来への期待と不安などから，会社に対して関心が高まる機会でもあるからだ。

　また，欧米では，ダイバーシティが社会の規範となっていることも，日本よりインターナルブランディングへの関心が高い理由と考えられる。特にヨーロッパの中でも，北欧は福祉国家社会として互助，連帯，共生や共同体意識，環境意識，リレーションシップ意識（個人間や企業間の信頼関係）が高いことから，インターナルブランディングへの関心も強いように思われる。会社と社員との一体感といったエンゲージメントという発想も多く見られる。

　ケラー（K. L. K.）は，1999年に彼が問題提起してから15年ほど経過した2013年に，インターナルブランディングの事例として，「特にサービス業にとって，すべての従業員が自社ブランドを常に深く理解することが重要となり，近年，多くの企業がインターナルブランディングの向上に取り組んでいる」と，インターナルブランディングがもたらす価値の向上を改めて指摘している（Keller, 2013）。しかし，残念ながら，依然としてそのインパクトはそれほど強くなかった。日本では，インターナルブランディングはどうしても付加的な要素としてしか位置付けられていない。実際には，製品やサービスの最終的価値を決定づけるのは顧客であることから，消費者や顧客に向けてのブランディング活動であるエクスターナルブランディングに大きな注意が向けられてしまう。企業のトップの多くは営業部門の出身者が多く，マーケティングやブランドないし知財関係の出身者が少ないことや人事・労務部門出身の役員にはそもそもブランドという発想が弱いことも理由と考えられる。

　では，

　Q1　なぜ，インターナルブランディングが必要なのだろうか。

　Q2　なぜ，インターナルブランディングに取り組むべきなのだろうか。

　人事制度についてアドバイスやコンサルティングを求められる際，必ずといってもよいほど課題としてあげられるのが，「社員間のコミュニケーション不足」や「会社に対するロイヤルティの欠如」である。社員のやる気がなくなり，仕事の質や労働生産性も低下することとなり，その結果，会社全体の業績や雰囲気にも悪影響をもたらしているという。

　ましてや2020年初頭より始まった新型コロナウイルス感染症によるパンデミックは，"ビフォアコロナ""ウィズコロナ""ポストコロナ"という新しい時代の区分を作り出し，就労形態にも大きな影響を与えた。コロナ以前においては，テレワークは大企業が採用していたり，育児や介護を行っている社員に適用されているものと世間一般では捉えられていた。し

かし，コロナ禍の中で，事業規模を問わずテレワークは急速に導入が進み，これが就労形態の新たな大きな柱の一つとなった。ところが，企業にとっては通勤手当という経費の削減というメリットはあったものの，従業員管理のやりにくさやコミュニケーション不足が問題となってきた。そして，これから迎えるポストコロナ時代では，DXの推進も加わり，企業には働き方だけでなくビジネスモデルそのものの再考も迫られるようになっている。

　社員のモチベーションアップやグローバル化の波とともに，AIやIoTなどの革新的なテクノロジーをあらゆる産業や社会に取り入れて実現する新たな未来社会，活力に満ちたクオリティの高い社会であるSociety5.0では，DXという新たなビジネスモデルが到来したとしても，相変わらず"人は企業の価値創造の源泉"である。企業の価値の源泉である社員と企業はどのような関係性を構築すればよいのか，今，それがまさに問われている。

　企業価値とDXとの関係については，2019年7月に経済産業省からリリースされた『DX推進指標とそのガイダンス』で示されているDXの定義からもインターナルブランディング推進の方向性が読み取れる。

【参考】『DX推進指標そのガイダンス』における「DX」の定義

「企業がビジネス環境の激しい変化に対応し，データとデジタル技術を活用して，顧客や社会のニーズを基に，製品やサービス，ビジネスモデルを変革するとともに，業務そのものや，**組織，プロセス，企業文化・風土を変革し，競争上の優位性を確立すること**」（太字傍点は筆者）

　この定義には，用語こそ使われていないが，インターナルブランディングがDXには必須の条件とみなされていると言ってよい。第1章でも指摘

したように，DXでは競争上の優位性を確保するために，2025年を目標（2025年の崖）として，あらゆる企業が組織，プロセス，企業文化・風土を改革しなければならないと提言されているが，改革によって企業は新たな価値を生み出すことが求められており，DXが喫緊の課題であると同時にまさにこれからの経営戦略の軸となる。

　しかし，Society5.0やDXによって社員の位置づけが低下するということでは決してない。また，DXは単なる業務のIT化・デジタル化ではなく，組織そのものの変革を意味している。いかにDXを駆使して競争上の優位性を確立できるのか，企業組織の在り方が改めて問われている。それには，企業のプラットフォームである企業文化，社内プロセス，人事制度などの全面的な改革（フルモデルチェンジかもしれない）を進めなければならない。これら全面的な改革を起こすのはあくまでも社内の人間であり，経営戦略を実行，遂行するのもヒト（人材）である。そして，その組織である。まずプラットフォームである人事施策・人事制度の抜本的改革に取り組まなければDXは進まないのである。そのため人が企業価値の源泉となってくるのだと，企業は今まで以上に意識しなければならない。

　これらイノベーションが進む一方，日本の労働人口の減少には，歯止めがかからない。また，人材マーケットはさらに流動化し，人材流出（ブレイン・ドレイン：Brain drain）は企業にとって深刻な影響を与える。そうならないように，防止の手立てとリテンション（人材の維持）に力を注がなければならなくなる。

　また，ダイバーシティ，多様な雇用形態，ジョブ型雇用もこれからいっそう進むであろうし，新型コロナウイルスによる就業形態の変化もそれらを後押しするであろう。新型コロナウイルス感染症が流行する中では，移動の制約，人と人との接触の分断，ソーシャルディスタンスが最重要課題となり，勤務形態としても世界中でテレワークが一気に浸透した。テレワークの浸透は，コミュニケーションの重要性を私たちに知らしめた。出

社すれば気持ちが仕事モードに切り替えられるような会社人間にとって，在宅勤務はつらいものかもしれない。今までには全く経験しなかった就業環境下で自身の仕事を見つめ直す時間が生まれたが，パンデミック前から世界中で浸透し始めていた，個を優先する風潮（Me-First：自分ファースト）が加速し，企業へのロイヤルティは危機的状況に陥ったように見える。これ以外にも，多様な雇用形態によるコミュニケーション不足が危惧されている。そうした一連の新しい働き方の出現は，インターナルブランディングへの期待を高めることになった。

　もちろん，社会がどのように変化していくとしても，企業存続のためには，企業規模を問わず幅広く深いコミュニケーションや企業に対する社員のロイヤルティは不可欠である。仕事の内容や成果を高めることが企業の競争上の優位性にどうつながるのか，さらにそれが企業の業績やブランド力の向上にどう関連するかを明らかにしなければならない。なぜなら，予想のつかない社会変化においてさえ，ブランドは企業にとって競争上の優位性をもたらすものであることは間違いないからである。ブランドは大企業だけのものではなく，中小企業を含めあらゆる企業に求められている。社会から選ばれる企業になるためにブランドが不可欠の存在だからである。

　以下では，特に，企業価値の源泉にして最も重要である社員にフォーカスしながらインターナルブランディングについて論じていくことにする。

3-2　インターナルブランディングに関する多様な見解 ― 定義および関係性

　インターナルブランディングという言葉をはじめて目にする方もいらっしゃるかもしれない。ブランドないしブランディングについて日頃から関与しているならご存じだろうが，ブランディングには大きくエクスターナルブランディングとインターナルブランディングの２つの領域がある。

　まず，エクスターナルブランディングは，消費者や顧客など「外部へ」向けて自社のブランドの価値を認識してもらうブランディングである。それに対して，インターナルブランディングは，文字どおり「内部へ」向けた，すなわち社内に対するブランディング，つまり社員に向けた，競争上の優位性のある強いブランド構築のためのブランディングになる。わが国ではインナーブランディングともいわれている。

　先にも述べたが，2000年から10年間の企業の合併や買収，事業再編が盛んに行われていた時期に生まれた新しい概念であるインターナルブランディングは，研究者の捉え方や立ち位置によって，実にさまざまに定義されている。

　例えば，Mahnert and Torres（2007）によれば，ブランド・イデオロギーという側面から，Punjaisri and Wilson（2007）はブランドリーダーシップという観点から，King and Grace（2008）はブランド主導型のHRM（人的資源管理）から，Henkel et al.（2007）とAurand et al.（2005）らはインターナルブランド・コミュニティという側面から，Asha and Jyothi（2013），Henkel et al.（2007），Vallaster and de Chernatony（2006），Bergstrom et al.（2002），Thomson et al.（1999）らはインターナルブランド・コミュニケーションという視点からそれぞれインターナルブランディングを定義している。さらにKing and Grace（2012）は，インターナルブランド・マネジメント（IBM）が，ブランドの本質の提供を通じた顧客満足の“ループ”を閉じるうえで不可欠と考えられる，とエクスターナルブランディングに及ぶような定義をしている。

　このように，さまざまに定義されているインターナルブランディングであるが，いずれもインターナルブランディングの本質をついているものの，あまりに広範で，捉えどころのないような印象を同時に与えている。曖昧で定まっていないカオス状態のような感をぬぐいきれない。インターナルブランディングは歴史の浅い概念ということから，そのような印象を受け

てしまうのかもしれない。ただ，その中でもコミュニケーションの側面からの定義は多く，その重要性がうかがえる。表3－1はインターナルブランディングの定義を表にまとめたものである。

表3－1 ▶多様なインターナルブランディングの定義

著者	定　義
Thomson et al. (1999)	理性，感情の両面でスタッフの賛同を確保するために用いる企業活動
Bergstrom et al. (2002)	次の3つのことに関連 ①ブランドを社員に効果的にコミュニケーションすること ②社員にブランドとの関連性やブランドに価値があることを納得させること ③組織内のすべての仕事を「ブランドエッセンス」の提供にうまく結びつけること
Aurand et al.（2005）	ブランドと社員とのエンゲージメントであり，社外の人々にブランド品質を表現する
Vallaster and de Chernatony（2006）	スタッフの行動を企業ブランドのアイデンティティに合わせるプロセス
Henkel et al.（2007）	ブランドと一致する社員の行動
Punjaisri and Wilson (2007)	強い企業ブランドを創造する手段
Mahnert and Torres (2007)	インターナルブランドを創造，維持するために部門内外に対して行われるコミュニケーション エクスターナルブランドと一致させるように社員にブランドへの貢献とその擁護を奨励すること この目的のために，企業の内外に対してブランドの価値を反映し約束を実現すること
King and Grace (2008)	組織内での社員の体験の管理

King and Grace (2012)	ブランドの本質の提供を通じた顧客満足を実現する上で不可欠
Asha and Jyothi (2013)	鍵は，顧客やその他のステークホルダー（利害関係者）に対して，社員が共有しているブランドメッセージを実現すること

出所）Saleem and Iglesias（2016）をもとに筆者作成。

　このように多様な定義をいったん現段階でまとめてみると，インターナルブランディングとは「仕事や業務がブランドと関連性のあることを，社内コミュニケーションを通して社員に伝え，社員の行動様式を企業ブランドと一気通貫させていくこと」といえるだろう。

　また，表3−1で紹介したさまざまな定義のうち，Mahnert and Torres（2007）「エクスターナルブランドと一致させる……」やAsha and Jyothi（2013）「……顧客やその他のステークホルダー（利害関係者）に対して」など，エクスターナルブランディングとの関係について触れていることにも注目しなければならない。従来は切り離して考えられていたものが，"つながっている"ということを認識し始めている。

　そして，サレームとイグレシアス（Saleem and Iglesias, 2016）はインターナルとエクスターナルの関係性を図3−1のように示している。ここでは，利害関係者であるインターナルステークホルダーとエクスターナルステークホルダーは，円の中に取り入れられている。2つの円そのものはそれぞれ，インターナルブランディングとエクスターナルブランディングであるが，利害関係者であるインターナルステークホルダー（経営者や従業員など）とエクスターナルステークホルダー（株主，消費者，地域，社会など）を円の中に取り入れることによって，誰に対してブランディングを行うのか，その対象や影響範囲の大きさがわかる。また，インターナルステークホルダーとエクスターナルステークホルダーの関係を車の両輪の

図3－1 ▶ インターナルとエクスターナルの関係：SIモデル

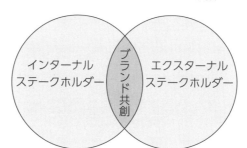

出所）Saleem and Iglesias（2016）をもとに筆者作成。

ように示している。ただ，両者は単に車の両輪というだけでなく，一部重なっている。図の中央部にあるインターナルとエクスターナルが重なる部分に，インターナルとエクスターナル双方のブランディングによる"ブランドの共創"という意味が込められている。

一方，インド（N. Ind）は，図3－1を参考にしながらエクスターナルステークホルダーの位置を変更している。これが図3－2である。

図3－1は重なった場所だけでブランド価値の共創が行われるが，図3－2では完全に重なり合っている。インターナルとエクスターナルが一体化しているといえよう。インドは，両者がミックスし，カプセル化していると主張する。つまり，インターナルはエクスターナルの内なる存在，基盤であり，インターナルなくして，エクスターナルは成立しない。ブランディングはマーケティング部門が社外に向けて行うものであるといったセクショナリズムではブランディングないしブランド戦略は成立しないということである。あらゆる部門が部門内で縦断的につながるだけでは足らず，部門間の横断的なつながりのある密接なコミュニケーションが必要なのである。このように考えると，図3－2の方がインターナルとエクスターナルの関係を的確に表しているといえよう。

図3－1および図3－2いずれの図からもわかるように，インターナル

図3－2 ▶ インターターナルとエクスターナルの関係：Indモデル

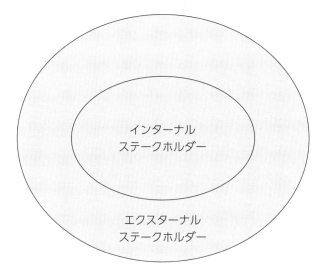

出所）Ind（2017）をもとに筆者作成。

　ブランディングは社員に向けたブランディングであるだけではない。ステークホルダーとあるように，社員，経営者，株主，業務提携先に至るまでのあらゆる利害関係者を含むのである。さらに，従来は，ブランドが影響を及ぼす範囲はオフラインないしリアル世界に限定されていたが，インターネットやFacebook，Twitterなどソーシャルメディアの発展により，ブランド・コミュニティは空間的な広がりを見せている。顧客，潜在顧客，株主，さらに言えば，その先の地域や国の行政までもがブランドに注目するようになる。このような状況において，もし社員がブランドに対する知識やツールをもっていなければ，ステークホルダーとブランドを共創することは不可能である。ブランドを共創し，強いブランドの構築を成功させるためにも社員が自社のブランドを知り，理解することは重要なことである。それゆえ社員への投資が欠かせない。

　コトラー（P.Kotler）は，インタビューにおいて次のように語っている。

「……商品の請求書を作成・送付する担当者も，やはり顧客への価値を
第1に考えてその仕事に取り組まなくてはなりません。」(Kotler,
2004)

顧客と直接に接する部署だけでなく間接部門にも顧客目線を浸透させる
ことによって，すべてが最終顧客につながる活動になり，ブランドないし
ブランディングを通じてインターナルとエクスターナルはつながっていく
のである。

コミュニケーションやインターナルとエクスターナルの関係の視点の他
に，Punjaisri and Wilson（2007）のいう「強い企業ブランドを生み出す
手段」という定義もまた，非常に興味深い。ブランディングを考えるうえ
で外せない競争優位という企業の使命や最終目的である"強いブランドの
構築"につながるからである。もちろんエクスターナルとの関係において
も参考になる。

3-3　インターナルブランディングにおける
　　　　5ツール

先に紹介した多様な定義は，主に5つの観点に整理される。言い換えれ
ば，インターナルブランディングを進める「5ツール」である。わかりや
すくたとえていうなら，マーケティングにおける4P，すなわちProduct
（製品），Price（価格），Place（流通），Promotion（プロモーション）の
ようなものである。マーケティングについても，これら4Pのいずれに重
点を置くかによって，多くの定義があるように，インターナルブランディ
ングにおいてもさまざまな定義が存在するのは，5ツールのどれにフォー
カスするかによって異なってくるからである。

5ツールとは，次の5つである。

①ブランド・イデオロギー

②ブランドリーダーシップ

③インターナルブランド・コミュニケーション

④インターナルブランド・コミュニティ

⑤ブランド主導型のHRM（人的資源管理）

それぞれの定義は以下の通りである。

「ブランド・イデオロギー」とは，ブランドの使命，ビジョン，目標，文化等を提供するものでありインターナルブランディングの出発点である。

「ブランドリーダーシップ」とは，長期的な展望で，戦略とビジョンを備えたブランドの構築や体系化を目指すものである。

「インターナルブランド・コミュニケーション」とは，ブランド共創を促進することを目的とした社内コミュニケーションで，例えば，社内報，社内メモのようなメディア，社内のイントラネットや非公式のコミュニケーション（同僚とのオフラインのやりとりなど）である。

「インターナルブランド・コミュニティ」とはブランドのファンによってつくられたコミュニティをいい，同一の部門や支社などだけでなく，地理的に限定されないことからも最近ではSNS（ソーシャルネットワークシステム）なども活用したコミュニティが形成される。

「ブランド主導型のHRM（人的資源管理)」とは，ブランド価値観が一致する人材の採用から始まり，社員の成長する機会を提供し，経済的インセンティブである報酬などブランド・イデオロギーに沿った行動を実現する制度である。

表3－1で示したものに，これら5ツールがどのように関連しているのかを分類し，あてはめたものが表3－2である。King and Grace（2012）については，5ツールよりもインターナルとエクスターナルの関係性を示していると考えられるため，ここではnとして表示した。

各研究者による定義は多様であるが，5ツールのいずれかの観点からなされている。そして，インターナルブランディングを主として構成してい

表3－2 ▶ 多様な理論の例と5ツール

要素	①ブランド・イデオロギー ②ブランドリーダーシップ ③インターナルブランド・コミュニケーション ④インターナルブランド・コミュニティ ⑤ブランド主導型のHRM（人的資源管理）	
要素	**著者**	**定義**
⑤	Thomson et al. (1999)	理性，感情の両面でスタッフの賛同を確保するために用いる企業活動
③	Bergstrom et al. (2002)	次の3つのことに関連 ①ブランドを社員に効果的にコミュニケーションすること ②社員にブランドとの関連性やブランドに価値があることを納得させること ③組織内のすべての仕事を「ブランドエッセンス」の提供にうまく結びつけること
④	Aurand et al. (2005)	ブランドと社員とのエンゲージメントであり，社外の人々にブランド品質を表現する
③	Vallaster and de Chernatony (2006)	スタッフの行動を企業ブランドのアイデンティティに合わせるプロセス
③	Henkel et al. (2007)	ブランドと一致する社員の行動
②	Punjaisri and Wilson (2007)	強い企業ブランドを創造する手段
① ③ ④	Mahnert and Torres (2007)	インターナルブランドを創造，維持するために部門内外に対して行われるコミュニケーション エクスターナルブランドと一致させるように社員にブランドへの貢献とその擁護を奨励すること この目的のために，企業の内外に対してブランドの価値を反映し約束を実現すること
⑤	King and Grace (2008)	組織内での社員の体験の管理
n	King and Grace (2012)	ブランドの本質の提供を通じた顧客満足を実現する上で不可欠
③	Asha and Jyothi (2013)	鍵は，顧客やその他のステークホルダー（利害関係者）に対して，社員が共有しているブランドメッセージを実現すること

出所）Saleem and Iglesias（2016）をもとに筆者作成。

るのは5つであるという認識は共通していると考えられる。5つのうち1つのみにフォーカスする論者もいれば，インターナルブランディングの実践における多様性や複雑性を踏まえてMahnert and Torres（2007）のように3つを取り入れているものもある。

　どこにフォーカスするにせよインターナルブランディングの目的は，強いブランドを構築することである。強いブランドになれば，顧客や消費者が商品を購入するときや，サービスを受けようとするときに，最初に思い浮かべてもらうことができる。それは，企業の売上や利益にもつながる。そのような競争上の優位性を獲得するためにも企業はブランドを中心にした組織体制をとらなければならない。HRM（人的資源管理）においても"ブランド主導"，という観点が必要となってくる所以である。

　インターナルブランディングでは重要なツールが5つ存在することがわかったところで，次の図3－3と図3－4を見ていただきたい。サレームとイグレシアスおよびインドが5ツールを当てはめている。これらの2つの図を比較してみよう。

　まず，ブランド・イデオロギーの位置が異なっている。サレームとイグレシアスのSIモデル（図3－3）では，5ツールはインターナルブランディングの出発点であるブランド・イデオロギーを中心に，他の4ツールが共存し，それらはプラットフォームである企業文化のもとに存在している。エクスターナルブランディングとインターナルブランディングとの関係を一部重ねて並列的に図示している。一方，インドのIndモデル（図3－4）はエクスターナルステークホルダーとインターナルステークホルダーが同じ企業文化のもとに一体化している。企業文化のもとに5ツール，インターナルステークホルダーそしてエクスターナルステークホルダーが共存している。強いブランドの構築には基盤となるヒト（人材）から，インターナルブランディングを通じて創造されること，インターナルからエクスターナルが生まれていくその上部構造・下部構造の関係と両者の首尾

図3－3 ▶ 5ツールとSIモデル①

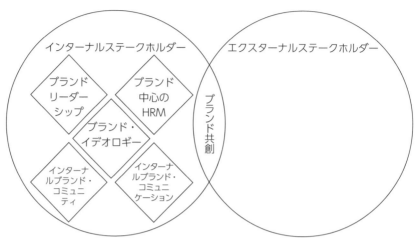

出所）Saleem and Iglesias（2016）の図を一部変更して筆者作成。

一貫性が必要なことを表している。

　次に企業組織のあり方や経営全般を左右する企業文化を見てみよう。

　企業文化には，それぞれの企業において共通かつ共有されている価値観や規範などが含まれる。企業のあらゆる活動に大きな影響を与えるため，企業の持続的成長と発展に必要な組織力は，企業文化によって創造される。企業文化は資産であり，共通の職務や職種を核として，共通の経験をもてば，そこにある種の文化が生じる。また，それは価値観を決定する強力で潜在的な力をもっており，経営戦略，企業目標，業務方針を決定する。企業文化は大企業や有名企業だけに備わっているものではない。企業の規模や業種を問わず，あらゆる会社に存在している。しかも，それは組織のあらゆる面に影響を与える。本物のブランドは，明確かつ独自性のある企業文化のもとで創り出されると考えられる。

　図3－3および図3－4について，今度は円に注目して見てみよう。円はプラットフォームとしての企業文化を意味する。サレームとイグレシア

図3-4 ▶ 5ツールとIndモデル①

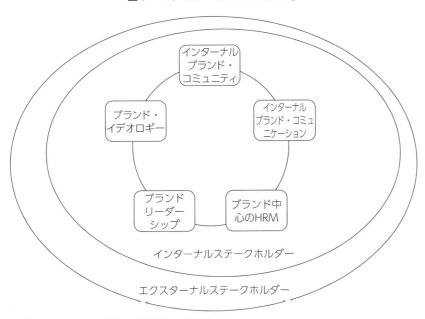

出所）Ind（2017）の図を一部変更して筆者作成。

スは企業文化（corporate culture）に言及しているが，その際，Supportive
という形容詞を付けてインターナルブランディングに対して支援的・協力
的な企業文化とそうでない企業文化とを識別している。インドも同様であ
る。

　ただ，サレームとイグレシアスはインターナルブランディングにのみ企
業文化があると示しているが，インドはインターナルブランディングとエ
クスターナルブランディングとを一体化させ，双方に企業文化が存在して
いるとしている。これは，企業文化はある種のプラットフォームだという
捉え方に他ならない。強い組織の土台である企業文化による企業の持続的
成長と発展は，企業規模を問わず企業の経営戦略の中で最も重要なテーマ
である。経営戦略を支える企業文化のこの重要性を考えれば，インターナ

図3－5 ▶ 5ツールとSIモデル②

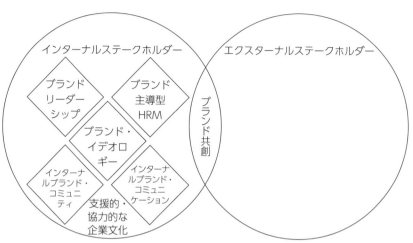

出所）図3－3と同じ。一部変更して筆者作成。

ルとエクスターナルが一体化しているIndモデルの方がより説得的である。

　1999年にケラーのインターナルブランディングに関する記述が登場して以来，さまざまな定義がなされてきた。Saleem and Iglesias（2016）は5ツールのいずれかにフォーカスしたさまざまな定義を融合させ，ブランド価値と社員の行動を通じてインターナルステークホルダーからエクスターナルステークホルダーへとどのようにブランドが伝えられていくかを論じた。そして，図3－5のようにインターナルブランディングを示し，次のように定義した。

　「インターナルブランディングは，社員が複数のステークホルダーとともに継続的にブランド価値を共創していくための社員に対する戦略である。ブランド・イデオロギー，リーダーシップ，HRM（人的資源管理），インターナルブランド・コミュニケーション，そしてインターナルブランド・コミュニティを統合するための支援的な企業文化の中で全社的に組織が取り組むプロセスである。」

図3－6 ▶ 5ツールとIndモデル②

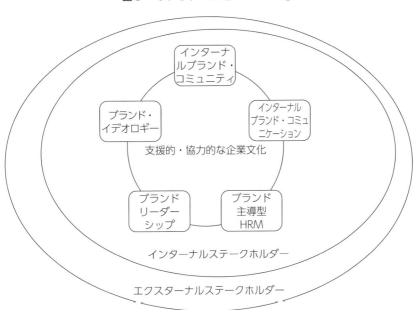

出所）図3－4と同じ。一部変更して筆者作成。

　Saleem and Iglesias（2016）の定義や図，Ind（2017）の図もそうであるが，5ツールを同等に配置しながらインターナルブランディングを構成するとみなしている。しかし，ブランド・イデオロギーは他の4ツールよりも中心的なものであり，すべての中核ないし頂点をなすものでなければならないと考える。つまり，ブランド・イデオロギーは他の4ツールよりも一段階上位にあるものと位置づけられなければならない。そして，そこから下位にある残る4つのツールへ波及し，それらの4ツールが共存しながら成立するのがインターナルブランディングである。

　また思想や考え，信念をまとめた概念である"イデオロギー"よりも"理念"の方がより適切であると考えられる。イデオロギーは社会集団や社会的立場において思想や行動，生活の仕方を根底的に制約している観念

や信条の体系を指すものであり，政治的思想，社会階層や宗教思想の分野で使われることが一般的である。社員に対してブランディングを行う際には，これでは伝わりにくい。また，イデオロギー闘争など否定的な印象をもたれる場合も少なくない。一方，理念は，企業の存在意義や使命など，普遍的でベースとなる価値観を意味する。ブランドに対する共感を社員にもってもらい，社員にブランド浸透させるためにも，よりわかりやすい言葉で明確に伝える必要がある。それには"理念"がぴったりである。

したがって，本書では先の5ツールを一部修正して次の5つとしたい。

① ブランド理念

② ブランドリーダーシップ

③ インターナルブランド・コミュニケーション

④ インターナルブランド・コミュニティ

⑤ ブランド主導型HRM（人的資源管理）

以上の考察を踏まえ，インターナルブランディングを次のように定義する。

「インターナルブランディングとは，支援的・協力的な企業文化のもと，ブランド理念をすべての中核に据え，ブランドを中心にリーダーシップ，HRM（人的資源管理），コミュニケーションやコミュニティを取り入れて，社員だけでなく社会に及ぶまでの複数のステークホルダーとともに普遍的な企業のブランド共創を継続的に行い，成長していくための，社会的意義のある経営戦略である」

インターナルブランディングは，単に社内へのブランディングではなく，企業の経営戦略である。それは，エクスターナルブランディングの対象である最終顧客や消費者，株主，地域・社会などへとつながって一気通貫するものである。このことを示したのが図3－7である。インターナルブランディングは決して付加的要素ではない。土台であり主軸となる重要な位置づけにあり，かつエクスターナルブランディングと相互促進的で密接不

図 3 - 7 ▶ インターナルブランディングとエクスターナルブランディング

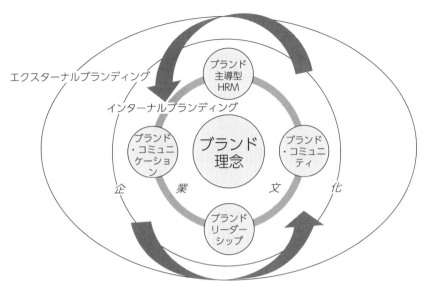

出所）筆者作成。

可分の関係にある。

第 4 章

ブランド主導型組織の実現

・インターナルブランディングのプラットフォームとしての企業文化

・ブランド理念，ビジョン，ミッション，バリューの構築

・株式会社ミルボンの事例

・株式会社リクルートSaaS事業本部の事例

4-1　インターナルブランディングのプラット
　　　フォームとしての企業文化

　強いブランドは企業の持続的成長と発展には欠かせないものであり，そうした強いブランドを構築するためには確固たる組織力が必要である。

　この強い組織力を創造する土台は企業文化にある。Schein（1999）によれば，企業文化はその企業に固有かつ経営者や社員によって共有される価値観や規範などを含み，企業のあらゆる活動に対して大きな影響を与える。なぜなら，文化は特定のグループや集団によって共有される資産だからである。小さなチームや作業グループ内にも文化があり，共通の職務や職種を中核とし，共通の経験をもてば文化は生まれる。さらに文化は潜在的でしばしばあまり意識されることがないが，個々人および集団としての行動，認知方法，思考パターン，価値観や規範を決定する一連の強力な力（フォース）であり，経営戦略，企業目標，業務方針を決定する重要な要因である。

　企業文化を表面的に捉えるのではなく，企業内で共有されるプラットフォームであるという認識をもつことが大切である。ブランドのみならず企業文化もまた目に見えない資産であり，しかも計り知れないかけがえのない資産なのである。これを全社，全社員で共有するために，ブランドを構築し，そのブランドを中心に全社的に価値観や意思を統一する。しかし，企業文化は自然と生まれるものではないため，ブランドを構築するためにはブランドを軸に置いた企業文化を意識的につくりあげていかなければならない。しかも，ブランド主導型の企業文化をつくりあげるには，部門を超えた支援的・協力的な企業文化を醸成して，社員やステークホルダーすべてを巻き込むことが不可欠となる。

　ブランディングは企業が社外のステークホルダーに対してブランド価値を提供していくことが大きな目的であるが，そのためにはブランディング

の出発点となる経営理念のもと，社内（組織内）の意思の統一は欠かせない。インターナルとエクスターナルはつながっており，相互促進関係，車の両輪を超えた表裏一体，企業文化を加えると三位一体となっているのである。ブランド価値に対する経営者や社員の間の共通認識や共通理解は自然には生まれてはこない。意識的かつ意図的に醸成しながら，ブランドに対する認識や理解を統一させなければならない。

4-2　ブランド理念，ビジョン，ミッション，バリューの 構築

　ブランド主導型の支援的・協力的な企業文化のもと，ブランド理念，ビジョン，ミッション，バリューや事業戦略とブランド戦略の間に整合性をもたせることは極めて重要である。また，ブランド構築に取り組むことを社内に明確に示すトップの強い意思表示も必要である。こうすることで，社員はブランドを理解し，自分が何をすべきなのかを把握する。そしてブランドに基づいた意識を行動へと移していく。こうして組織はブランドと一気通貫し，その結果強いブランドが生まれるのである。個人，小集団グループ，職種，セクションなどでそれぞれ生み出されるばらばらの価値観や規範をブランドによって統一するのである。

　ブランド理念やブランドプロミスを策定したのに，社内浸透がうまくいかないというケースがよくある。この原因の一つは，部門間の連携がうまくとれていないことが考えられる。コーポレートガバナンスの欠如やセクショナリズムの弊害である。それは組織の仕組みに及ぶ問題である。繰り返しになるが，インターナルブランディングは，全社一丸となって進めていかなければならない。全社的にで支援的・協力的な企業文化，そして受容性のある企業文化が必要とされるのである。

　インターナルブランディングを意識しないで，経営理念や企業目標など

を漠然と社員へ浸透させようと考えてはいないだろうか。例えば，経営理念を書いたボードを，受付や入口など社員，顧客やその他ステークホルダーの目に入るところへ掲げている会社がある。しかし，単に経営理念や企業目標等を壁に掛けておくのではなく，ブランドを意識し日常的な行動や業務の中でそれを実践するためのツールにしなければ意味がない。他にもツールの代表的な例として，朝礼，社内報，ブランドブックやクレド（企業の信条・行動指針・行動規範を意味する）がある。これらのツールは可視化されていることからわかりやすいので，ブランドを意識させ，ブランドを社員へ浸透させるには効果的である。

　インターナルブランディングは，ブランドを会社の中心に据え，自社のブランド理念やミッションを社員に浸透させていくための社内に対するブランディング活動である。企業の製品やサービスなどを生み出すのは社員である。つまり，自社の製品やサービスなどに具現化されているブランドを創り上げていくのは「社内の人間」である。社員がブランドになるということである。第1章で述べたように，AIやIoTなどのデジタル化やイノベーションによって実現される未来社会であるSociety5.0になっても，そして現在目指されているDXが進んでも，人がいなければ何も始まらない。

> 　繰り返すが，ヒト（人材）は企業の価値創造の源泉なのである。

　第3章でインターナルブランディングの全体像を明らかにしたので，本章ではブランド主導型の支援的・協力的な企業文化のもとで，実際に企業では5ツールをどのように取り入れ，インターナルブランディングを実行しているのかを，事例を通して考察していくこととする。

　5ツールとは，

①ブランド理念

②ブランドリーダーシップ

③ インターナルブランド・コミュニケーション

④ インターナルブランド・コミュニティ

⑤ ブランド主導型のHRM（人的資源管理）

である。

また，紹介する事例のポイントとなる部分にはそれぞれ『5ツール（①
〜⑤)』として，いずれに該当するかも示した（例：5の①）。また，イン
ターナルとエクスターナルの関係に該当するものは，IB とEBとイニシャ
ルで表現した。

4-3　株式会社ミルボンの事例

インターナルブランディングをあえて全面
に打ち出して取り組んだのではないが，ブラ
ンド理念やブランドリーダーシップのある企
業は，実質的にインターナルブランディング

を実行しているのである。クレドなども活用しながらブランドを中心に据
えた施策を行ったサロン向けヘアケア製品業界のナンバーワン企業である
（2020年8月11日時点）株式会社ミルボンの事例を見てみよう。ブランド
推進グループ統括マネージャー金子巧氏にインタビューを行った（2020年
8月11日に2時間程度実施)。

株式会社ミルボンのステートメントとビジョン（5の①）

● ステートメントスローガン　　美しさを拓く。

● ビジョン　　教育を中心としたフィールド活動によって，世界の
　　　　　　　国・地域の美容に貢献し，世界No.1のグローバルプ
　　　　　　　ロフェッショナルメーカーを目指します。

"ブランドと知財の視点"

　金子氏は，商標や意匠を管轄するブランド推進グループ 統括マネージャーであり，第一線で活躍する中で，欧米で進む「pro-patent（プロパテント）」（社会経済的コストの面から特許法による知的財産の保護と独占を重視する政策）を見直し，「anti-patent（アンチパテント）」（オープンイノベーション）へと向かう動きにも注目する。「知財はなくてもブランドは成立するし，知財がしゃしゃり出るのはおかしい。知財ありきではない。会社と顧客のGoodwillは商品が良ければ成立するのである。人を介して形成されるのであって，知財が形成しているのではない。商標はあくまで事業継続の手段であり，知財はあくまでサポートする側，後ろ盾であるべきである」と，知財を知り尽くしておられる方が，このことから話を始めたことが，印象的であった。

"ブランド展開は横断的にそしてともに"

　ミルボンでは，商標部門がマーケティング部門と共同でブランドのルールブックやポジショニングマップを作成している。マーケティング部門の会議に商標部門も参加し，ともにブランド展開を進めている。つまり，商品開発をマーケティングだけで進めていくのではなく，早い段階から商標

部門もそのミーティングに参加して，ネーミングは勿論，ブランドをどのように展開すればよいのかも一緒に考えていく。

マーケティング部門が「このネーミングで決定したので商標登録できるかどうかの調査をお願いします」と連絡があってから取りかかるのではなく，常に一緒に取り組んでいるため，ブランドにふさわしくないネーミングなどという指摘も早い段階でできるのである。

商標担当者にとっての顧客は「社内にいるマーケティング部門や営業である」という発想に転換させた。このことによって，ともに取り組む共同作業が成り立つのである。これはインターナルマーケティングの考え方であるが，各部門が横断的にコミュニケーションが図られることで他の部門がどのような業務に取り組んでいるのかが可視化される。これは同時に1つのブランドに向かって進んでいくインターナルブランディングの下地にもなっているのである。

"Milbon Way"（5の①）

インターナルブランディングの手法として代表的なものであるクレドを作成している。

まず，ミルボンには行動規範やクレドに該当する「Milbon Way（ミルボンウエイ）」が存在する。折りたためて常に手帳やポケットに携帯できるもので，日常の業務の中で振り返りが可能である。

Milbon Wayは2012年，社員数が600〜700人になった頃に作成された。社員は，Milbon Wayを理解してはじめて，ミルボン社員としてのスタートラインに立つ。どの社員に，Milbon Wayについて質問しても，全員が答えることができるということだ。

社員には，Milbon Wayと『鴻池一郎物語（社外秘）』（創業者のヒストリー本）が配布され，企業のイズムやビジョン，ミッションを浸透させている。この冊子は，創業者である鴻池一郎氏の壮絶な経験から生まれた

「つぶれない会社を創る」というミルボンの創業から現在も生き続ける精神，そしてミルボンの3つの行動基準「現場，傾聴，自立」を浸透させる大事なものである。

"仕掛けのあるミーティングルーム"（5の④）

このようなクレドや創業者の精神を綴ったブランドブックだけでなく，顧客やクライアントとのミーティングルームにもさまざまな工夫が施されている。例えば，「基礎研究」という名前のミーティングルームには，学会誌や特定の場所でしか見ることができないような基礎研究に関する資料が壁に展示されている。

打合わせに来たクライアントは，壁に貼られているミルボンの基礎研究内容を必ず目にする。そこから会話が始まり，ミルボンの技術力を理解してもらいやすくなる。基礎研究部門以外のミルボン社員であれば，自分の業務以外の質問に答える必要がでてくるため，必然的に基礎研究部門の仕事にも関心をもたなければならなくなるのである。

また，コーポレートカラーである紫をあしらったガラス張りのミーティングルームもある。行動規範を紹介する「Milbon Wayルーム」と中期経営計画がひと目でわかる「ビジョンルーム」である。先ほどの基礎研究ルームと同様に，クライアントからの質問を受ける絶好の機会にもなっている。社員は質問に答えることでMilbonを咀嚼し，理解し，浸透させ，そして体現していく。

ミーティングルームの仕掛けはこれだけではない。ミルボンにはヘアケア製品のさまざまなブランドがあるが，それぞれの商品ブランド名を冠したミーティングルームがある。例えば，Milbonという名称のルームはフラッグシップブランドの一つであるGlobal Milbonの全商品が陳列されており，その陳列の前に打合せのためのデスクが配置されている。時計も各ルームすべて異なり，Milbonルームにはもちろん世界時計が設置されて

いる。最高級ブランドラインであるAujuaの名を付けたAujua（オージュ
ア）ルームはAujuaの全製品が陳列されているといった具合である。この
ように社外の人にそれぞれの製品を見てもらうと同時に，社員が自身の携
わっているブランド以外のものを見る機会も増やしている。隣の部署はこ
んな商品開発を行っている，ということがわかる環境を意図的に作り出し
ているのである。"可視化すること""明確にわかりやすくすること"で，
ブランド主導の人事施策を行っている。

　また，すでに策定されている「新中期事業構想（2019年〜2023年）」は，
新型コロナウイルス感染症に関係なく達成しなければならないものとして
社員には伝えられるとともに，Global Milbonがその方向性を示している
ように，ミルボンがグローバルブランドへと躍進することも目標に掲げら
れている。

　ブランド主導型の人事施策のもと，インターナルブランディングとエク
スターナルブランディングとが同じベクトルを向いて一体となることで，
強い企業ブランドの構築へとつながり，企業にそして社会に貢献していく
というのである。

［事例からのヒント］

　インターナルブランディングを始めようとして始まったものでなかった
としても，ブランドリーダーシップのもとでブランド中心に社員が行動し
ていく，そういうプラットフォームがすでにあることをミルボンのケース
は教えてくれている。

　また，実際の現場で顧客や消費者とのやりとりや企業戦略を実行に移す
のは社員であり，製品やサービスを通じて企業価値を社会へ伝えていくの
も社員である。そんな社員への適時適切なup-to-dateな支援が必要である。
ケラーが指摘するように，インターナルブランディングの成功事例として，
海外ではサービス業が紹介されることが多い。確かに，インターナルブラ

ンディングは，直接顧客と接触するBtoCが注目されがちであるが，B（取引先）がC（消費者）に販売してくれるのだから，BtoBの企業であってもインターナルブランディングは同じく重要である。ミルボンのケースがこれに当てはまるだろう。インターナルブランディングは，社員に向けてだけではなく，取引先に至るまでのあらゆる利害関係者であるステークホルダーを含むからである。

4-4　株式会社リクルートSaaS事業本部の事例

　これから紹介するインターナルブランディングの取組みは，先ほどと同様，最初からインターナルブランディングを行うと打ち出して始めたものではなかったが，「目線を揃える」ことでブランドが浸透し，ステークホルダーへ伝えられ，結果的にインターナルブランディングが展開されていったという事例である。株式会社リクルートSaaS事業本部で「Air ビジネスツールズ」のブランディングを実際に主導されたAirプロダクトマネジメントユニットの野村恭子氏と金指美菜氏に，どのような活動を行っているのか，事業に新規参画するメンバー向けの「Air Orientation」を通じて事業の歴史，考え方，大事にしている価値観をどのようにまとめていったかなどについてインタビューを行った。なおインタビューは，2020年11月20日に2時間程度リモート形式で実施した。

Airのブランドステートメント
- ●ビジョン　　商うを，自由に。
- ●ミッション　　お店をとり巻く煩わしさを減らし，自分らしいお店づくりができるようにする。
- ●バリュー　　【機能的価値】シンプル，カンタン，スマート，
　　　　　　　【情緒的価値】誰にでも手が届く，信頼

"Air ビジネスツールズとは"

0円でカンタンに使えるPOSレジアプリ

AirREGI

カード・電マネ・QR・ポイントも使える
お店の決済サービス

AirPAY

出所：株式会社リクルート提供。

　「Air ビジネスツールズ」は「Airレジ」や「Airペイ」を含むリクルートの業務・経営支援サービスである。「Airレジ」は，0円でカンタンに使えるPOSレジアプリで，アカウント数は2020年12月末時点で53.6万（※1）と利用者数No.1（※2）だ。「Airペイ」はコマーシャルでも有名なお店のキャッシュレスサービスで，iPhoneまたはiPadとインターネットがあれば利用できる。また，「Airレジ」と「Airペイ」を一緒に使えば，金額の打ち直しもなく，まるで一つのサービスのようにシームレスな会計・決済を実現できる。これらは，Airのミッションでもあるお店の煩わしさをなくし，顧客の「不」に向き合うという考えから生まれた。

　※1：株式会社リクルート調べ（2020年12月末時点）
　※2：①調査主体：株式会社リクルート，②調査実施機関：株式会社インテージ，③調査実施時期：2020年11月20日（金）～2020年11月24日（火），④対象者条件：店舗数30店舗以下の飲食業・小売業・サービス業で，勤務先の店舗や施設でレジ導入，または使用している男女18～69歳，⑤サンプルサイズ：n=1,053

"お店を知りたい，3,000人からの情報収集"（IBとEBの関係）

実際に現場でリーダーシップをとって主導しているのは，2018年から担当している金指美菜氏である。「Air ビジネスツールズ」はお店の方が使うサービスだから，自分自身は詳しいことがわからない。お店の人ではないから，まずはお店のことを知らなければならない。自分たちのサービス提供先の人を"知りたい"という思い，存在するであろう「煩わしさ」を知るためにも，そしてその煩わしさを極限まで減らすことをお題目にしないためにも，実態調査を積極的に行った。調査を行ったのが消費税法改正の時期（８％から10％への税率変更）だったこともあり，お店のオーナーの方々は（※３）消費税の軽減税率制度に不安を抱いていた。そのような頃に実際に『Airレジ』を導入されているお店を訪問したり，また，セミナーを開催するなどして，約3,000人と接したとのことである。

※３：消費税の軽減税率制度とは消費税率10％への引上げに伴い，低所得者に配慮する観点から，2019年10月１日より「酒類・外食を除く飲食料品」及び「定期購読契約が締結された週２回以上発行される新聞」を対象に実施。（財務省HP https://www.mof.go.jp/tax_information/qanda023.html）

"さまざまな発見"

金指氏は，「Airのサービスはまだまだ改善すべきところが山積みである」という認識を持っていたので，実態調査によって自分たちがそんなに価値があると思っていなかった部分に「価値がある」と気づかされることが多かったという。例えば，お店の人から「iPadや機器がシンプルでコンパクトなので，お店の雰囲気を壊さなくていい」という反応があった。自身はサービスの機能ばかりに目を向けていたが，サービスを使う機器など，自分たちの想像しないところに価値があるということを気づかせてくれた。お店を理解したい，痒いところに手が届くようにしたい，という思いも強

くなり情報収集を熱心に行った。

　お店の「不」に向き合うために徹底した実地調査を行うことで，オーナーとのマインドギャップも発見できた。情報収集から，オーナーはマネジメントに注力したいと思っていても，現場業務が80％，マネジメント業務が20％であるということも浮き彫りになった。中小企業のオーナーは経営者であるが，同時に接客や経理も行うというように1人で何役もの役割を持つ。そのため想像以上に複雑で多岐にわたる仕事に携わらなければならない。ここに「不」と考えられるものが存在するのであろうと思われた。

"目線を揃える"（5の①）

　一般的に人にはそれぞれ個性があるように，理解の深さは人それぞれである。それはどの会社においてもあることで，個人の価値観や会社ビジネスへの理解度は人それぞれである。しかし，信頼のあるサービスを提供していくには，個々人によって異なる理解を揃えていくことが必要である。それには目線を揃えていくことがとても大切なことだろう。その場合，基準として常に据えなければならないのがお客様とその期待や要望である。言い換えると"お客様目線"に他ならない。この目線を揃えることが，インターナルブランディングの出発点になると考えられる。

"インターナルブランディングのツール"（5の③および④）

　実際にインターナルブランディングのツールとなったのは，「Air Orientation」である。

　「何を目的にはじめたか」から「何を目指しているのか」「今，どんな状況なのか」など事業の過去，現在，未来までの話が盛り込まれていて，Airの事業に携わる誰もが知っておきたい知識や考え方を理解する目的で，この「Air Orientation」がスタートした。2019年11月から2021年3月18日まで12回開催され，延べ数百人が参加している。参加者は主にAir部門の

組織内スタッフであるが，他部署からも参加可能である。Air Orientation
は座学で行われ，社内向けに作成された50頁の冊子を用いる。事業概要，
目的，目指すもの，現況，組織体制やブランド等について大変わかりやす
く記載されている。Air Orientationについては，「目線を揃えることで，
ブランドが浸透する。Airプロダクトマネジメントユニット内，そしてリ
クルート社内へのブランド浸透に取り組んだ話」（https://designblog.
recruit-lifestyle.co.jp/n/n90e22dd05d22?gs=bce7ee04f7cd）でも紹介され
ている。

　Air Orientationの参加者に満足度調査を行うと毎回，大変高い数値がで
ている。参加者からは，「自分の仕事に自信がもてた」「事業の全体像が把
握できたことで，自分の仕事理解が深まった」「丁寧に経緯やフェーズか
ら教わることができたので，事業のあゆみがわかりやすかった」「どんな
思いから始まったのか，どんなことを実現したいかの世界観も伝わってき
た」「『なぜやっているのか』や組織長の想いが聴ける場は大事だと思っ
た」「プロダクトでの考え方を明文化し，説明を受けることで，メンバー
が共通認識のもと動けるので，顧客と向き合いやすい」といった感想が寄
せられている。

　このAir Orientationは，組織や役割によって視点は違えど，事業の歴史
や考え方といった根幹の部分について目線を揃えていける取組みとなって
いる。また，Air Orientationだけでなく，数百人が登録しているSlackチャ
ンネルで，Airのサービスを使っているお店の，サービスを導入したきっ
かけや使い心地，改善点など生の声をタイムリーに発信することで，最新
の情報も共有するようにしている。ここでは第3章でも見たブランド・コ
ミュニティが創り出されていると言ってもよいだろう。

"主導者がLiving Brand（ブランド体現）"（5の⑤）

　インターナルブランディングに取り組むという目的のもとに始まった活

動ではなかったが，Airのサービスを使っているお店の方々の貴重な生の声をもっと社内でも共有しよう，これが，インターナルブランディングに他ならないということを教えてくれた。

インタビューの最後に，金指美菜氏が一連の活動についてひと言，「このツールをつくってよかった」と笑顔で話しておられたことが大変印象に残った。

［事例からのヒント］

目線を揃えること，これはインターナルブランディングにおいては非常に重要なことである。顧客に提供するサービスをより良いものにしていくためには，自社のブランド理念，ミッション，ブランドステートメントを全社的に共有することが欠かせない。リクルートでは，コミュニケーションの必要性を感じ，実際の活動を通じて理解を広げていった。事業の意義や他のメンバーの経験を共有していくことで，新たに加わるメンバーにも意義が伝わる。お店を知ることから始まり，Airの事業に携わるメンバーの目線を揃えていく，“お店のことをちゃんと知ろう”ということ，そして“Airの事業に携わっていてよかったな”と思えるものを増やしていこうという想いからスタートしていった。顧客に触れる機会を得た社員は，自らお店を深く理解しようとする。社員がブランドステートメントを行動に移し，自らブランドを体現していくのである。

“お客様目線”に基づいて連携と協働により包括的な支援サービスを行う。それが結果として，Keller（2019）のいう“強く，好ましく，独自性のあるブランド”にもつながっていくことをAirの事業の取組みは私たちに教えてくれている。「ブランド主導型組織の実現」は，現場でお客様のことを理解するという素朴で真摯な一歩から始まるのである。

ブランド浸透のための人事施策

5-1　期待する人材像

Davis and Dunn (2002) は,「ブランドを組織の中心に据えることによって,組織全体がブランド視点から適切な戦略的意思決定を下すことができる。ブランドを中心とした企業文化づくりをすることが,最終的に企業の収益性を高めることに貢献する」と指摘している。これは,組織の人事制度についても言及していると考えられ,ブランド主導型の人事施策を採用し,社員の行動を規定することでインターナルブランディングを効率的かつ効果的に行うことが可能となる。なぜなら,社員が企業に貢献することによって,最終的には強いブランドを構築することにつながるからである。

ブランド主導型の支援的・協力的な企業文化に基づくHRM(人的資源管理)において,企業は社員に対して明確に「自らの役割」と「その遂行が企業の事業目標に貢献していること」「ブランドの約束(ブランドプロミス)を実現しているという誇りをもたせること」ができるような仕組みをつくらなければならない。しかも,継続的にそれに取り組むことで,企業の製品やサービス,社員の行動などとブランドとの一体性も生まれる。この結果,社員がブランドを正しく理解し,日常業務でブランドに根差した行動をとること,すなわち "Living Brand"(ブランド体現)が可能となる。("ブランド体現" については第6章で論じる。)

どのようなHRM(人事管理制度)であれ,企業文化の影響を受けないものはないし,期待する人材像などを定義する際においても "社是" "社訓" "社風" にベクトルを合わせているだろう。ブランドを意識しながら人事制度を構築している実感はないかもしれないが,根底には企業文化がある。しかし,既述のように,競争上の優位性を構築するためにはブランド主導型の人事施策は外せない。そして,人事評価制度,インセンティブ

制度や採用制度などさまざまなHRM（人的資源管理）ツールを効果的に活用し，社員に対してブランド浸透をしていかなければならない。企業文化は自然に発生するものではない。したがって意識的に構築していく必要がある。その企業文化がブランド主導型の支援的・協力的な企業文化であれば問題ないが，そうでない場合は，既存の企業文化の中で人事施策を作成するのではなく，人事施策が企業文化にも影響を与えるようにしなければならない。代わり映えしない既成の企業文化における人事施策では，管理や評価の方法が変わるだけ，見た目が変わるだけで，中身は変化していない。これではいつまでたっても同じことの繰り返しで，社員はあきれてしまうだろう。

　競争上の優位性を実現するためには，支援的・協力的な企業文化というプラットフォームの中で，人事施策を通じてブランド浸透させ，社員に"ブランド体現"させていかなければならない。人事施策は，継続的で，ブランドと一体性をもち，社員のそれぞれのステージにおいて常に共感かつ共有できるものであることが求められる。そうすれば，社員は企業のブランド戦略を自ずと理解できるようになる。これはまた，社員が"ブランド体現"していくためのプロセスである。そして，社員の成長のステップにおける人材育成でもある。人材育成の場は，単にスキルや技術，技能を身につけさせるトレーニングの場にするだけではなく，企業のブランド理念やミッション，バリューなどを，社員の成長のあらゆるステージで浸透させていく絶好の機会でもある。この場を十分に活用しなければならない。

　社員は，人材育成である教育制度を通じて，「仕事の楽しさ」「仕事をする喜びや幸せ」「達成感」を感じる。そして，社員が適正な人事評価制度により評価され，周囲から期待され，自信がつき，モチベーションアップにもつながる。このフローは，自分自身が成長していけば，より良い処遇が用意されることがわかり，さらなるパフォーマンスの向上へとつながる。より上位のステージを目指し，ブランド理念やバリューに沿った行動を自

ら取るようになり，“ブランド体現”していく。ブランド主導型の人材育成を持続的・継続的に行い，企業のブランド理念と一体性のある人事制度を構築することで，社員は何をすればよいのかがわかるようになる。

　実際に人事制度を策定する際には，次の２点を念頭に置きながら，会社の期待する人材像を設定し，明確にわかりやすい言葉で社員に伝える必要がある。

　① 社員のブランディングに対する関心を高めること

　② 会社のブランド価値に自分たちの仕事が影響しているのだという意識をもたせること

　ブランドをコア（核）にした理念に基づいて人事制度を構築することで，社員の会社へのロイヤルティが向上し，ヒト（人材）が人財を創造していく。これにより企業価値は高まるだろう。

　社員の目に見えるわかりやすいかたちで，「企業理念や行動指針に則った行動をすることが企業に貢献する」「そしてこの行動は自分にとっても良いことが起こる」というエッセンスを導入することによって，「自分は何をすれば報われるのか」が理解しやすくなり，社内にブランド理念が浸透しやすい環境を創り出すことができる。このエッセンスとしてインセンティブ制度を取り入れることも考えられる。給与による経済的な安全欲求の満足を与え，昇格することによりプライドや承認欲求の満足を与え，社内表彰することで周囲から尊敬されるという満足を提供するのが狙いである。このような目に見えるかたちで評価することによって社員の中に肯定感が生まれ，さらにブランド理念に基づく行動をとるようになる。

5-2　人事施策の実践

　人事施策を進めるにあたっては，“やらされている感”から脱却し，自ら率先して行動する“ブランド体現者”へと社員を育成していくために，

ブランド主導型の一貫性と継続性のある人事制度に長期戦で取り組んでいくことが求められる。具体的な人事施策には次の5つの項目が含まれる。

① 教育訓練：新入社員として入社の段階から始められる"新入社員研修"，支援的・協力的な企業文化であれば"ウエルカム研修"と改めるのもよいかもしれない。このほか，日々の研修であるOJT，サービス業であれば顧客との接し方であるロールプレイ研修，企業大学など。

② 昇進：内部昇進制度が望ましい。本人の能力だけで評価をするのではなく，ブランドに沿った評価基準のもと，それにともなう行動をしているのか，社内のコミュニケーションがとれているかなど日本のメンバーシップ型と海外のジョブ型を融合させた内部昇進制度。これは日本でいう支援的・協力的な企業文化にはフィットする。

③ コミュニケーション：縦横断的な社内コミュニケーションだけでなく，トップからブランド主導型の強いメッセージを浸透させていくこと。社員からもそのフィードバックがあり，ボトムアップされていくこと。

④ 評価：個人成績の評価と所属部門の評価を組み合わせる。スタッフ職とマネージャー職では，個人と部門の評価の比重や割合を変える。

⑤ 報酬：月額給与に反映させることも考えられるが，給与や賞与にだけ関心が向けられる懸念があるため，月額給与とは切り離すことも考えられる。賞与の中の一部にインセンティブを加える。あるいは給与賞与以外の一時金など。

さらに採用の段階も含めれば，6項目となる。採用においては，企業としてブランドに準拠したしっかりとした施策が必要で，インターンシップ制度などを取り入れることも考えられる。

全く初めてブランド主導型のHRM（人的資源管理）を導入するのに抵抗があるのであれば，手始めに，最終顧客や消費者と直接に接する機会の

多いサービスや店頭部門など消費者や顧客のロイヤルティ向上に直接につながる部署から始めてみるのもよいかもしれない。これらの人材や部署は，他部門に比べてブランド浸透は早いだろうし，社員自身もブランド中心の組織に対する理解が容易である。一方で，製品や半製品を製造する部門は，直接消費者に触れることがないため，ブランド浸透には時間がかかることもある。

　また，ブランド浸透は管理職クラスの社員であれば，すでに企業への帰属意識やロイヤルティをもっている割合が高いので，管理職層をブランドリーダーとして，部下の日々の行動をモニタリングしたり，面談（仰々しいものではなく，ほんの5分程度の立ち話的なものでもかまわない）などで評価したものをフィードバックしていくなど，機を逃さないup-to-dateなコミュニケーションによってブランド理念を浸透させていき，社員が自然とブランド価値を提供する行動ができるよう仕向けていけばよい。これ以外にも，あらゆる機会を利用して社員に対してブランド浸透することが必要である。そのチャンスを逃さないように常にウォッチしていなければならない。

　インターナルブランディングを通じてブランド浸透が進めば，社員は企業の姿勢やマネジメントの方向性を好意的に受け入れ，ベクトルを揃えてくれる。社員はブランドへのロイヤルティとコミットメントを通じてやりがいや喜びも感じるはずである。その結果，社員は自分の職務に力を注ぐことはもちろん，仕事の役割や価値，そして部署を超えた全社的な視野，さらに社会や環境に対する視点，グローバルな発想ももつようになる。

5-3　法令との整合性

　ブランド主導型のHRM（人的資源管理）は，法律の視点に注意して導入しなければならない。すばらしいブランド主導型の人事制度であっても，

法令に抵触する場合があるかもしれない。労働基準法や労働契約法をはじめとする労働法規に照らし合わせたときに，法令違反となっていないか，自社の就業規則や各人の労働条件通知書（雇用契約書）と乖離がないかといった点を必ず確認のうえ導入しなければならない。

（1）労働基準法，労働契約法などの検証

労働時間や休日等については労働基準法が基準となるが，新しい制度の導入や現在の制度から移行する際には，労働契約法に注意しなければならない。いわゆる「労働条件の不利益変更」の問題である。人事制度の導入時にはこの点が大きな壁となるケースも稀にある。例えば，新制度により給与額が下がるようなケースなどが考えられる。労働契約法第8条には「労働者及び使用者は，その合意により，労働契約の内容である労働条件を変更することができる」とあるが，就業規則などの変更においては，同法第9条によって労働者と合意せずに就業規則を変更することにより，労働者にとって不利益になる労働条件の変更はできない。ただ絶対に変更できないのかというとそういうこともない。それは，同法第10条に記載がある。変更後の就業規則を労働者に周知させること，その変更が次の①〜⑤に照らして合理的であることを条件としている。

①労働者の受ける不利益の程度，②労働条件の変更の必要性，③変更後の就業規則の内容の相当性，④労働組合等との交渉の状況，⑤その他の就業規則の変更にかかる事情である。

不利益な変更をともなう場合にはハードルが高くなることは当然であるが，実務上注意すべきことは，代償措置や緩和措置などを取り入れて，社員の不利益の程度が大きくなりすぎないように労使で話し合う機会をもつことや，就業規則を変更し労働条件を引き下げる必要性について丁寧に誠意をもって説明し，同意を得るように会社は努力しなければならない。

また，労働基準法では10人未満の事業所は就業規則作成の義務がないが，

この場合は個々に説明し同意を得る必要がある。

（2）就業規則の確認

　就業規則の効力は非常に大きく，新たな人事制度を導入したり改定するような場合にも，就業規則に反映させていなければ，その制度を運用することができなくなってしまう可能性がある。例えば，新給与制度において給与がアップダウンするような仕組みがあるのであれば，就業規則（賃金規則）に，人事考課によって給与改定の結果，給与額の変更（昇給または降給）がある旨の記載が必要となる。

（3）労働条件通知書や雇用契約書の確認

　新制度によって新設，変更されるような給与手当等がある場合などは，労働条件通知書や雇用契約書を作成のうえ通知が必要となる。労働条件の変更にあたることにもなり，また雇用契約書であれば労使合意のうえの変更である証となる。新制度の導入を明確に両者で了解するためにも作成が妥当である。

　さらにこれら（1）〜（3）以外にも，新たな人事制度を導入したことによって，本来受けられる助成金などを受けられなくなる可能性も考えられる。

　常に法令の面からも検証するというもう1つの視点をもって，人事制度を構築しなければ不完全なものとなってしまう。これは単に法令順守という観点だけではなく，社員があらゆる面で安全で健康に働ける職場を形成する健康経営というプラットフォームを形成することが企業には求められており，そしてそれが結果として企業の持続的成長と発展につながるからである。

5-4　株式会社日本旅行の事例

　では，実際に教育制度を通じて社員のモチベーションアップを図り"ブランド体現"している株式会社日本旅行の事例を紹介する。この会社でも，先述のミルボンやリクルートの事例と同様にインターナルブランディングの５ツール（例：５の①）を実践している。

　ブランドを体現し，顧客や消費者にそのブランドを伝えていくブランド価値の源泉である社員が，法人・個人を問わず消費者や顧客に対応し，直接に旅行という商品・サービスを届けるのが旅行業である。旅行業は消費者に夢を与え，日常とは違うエキサイティングでワンダフル，そしてSupremeな世界へ連れて行ってくれる。日本最初の歴史ある旅行会社である株式会社日本旅行は，西日本旅客鉄道株式会社（JR西日本）とともに成長を遂げ，「瞬間」そして「自ら考え自ら行動する」という人材像のもと，HEARTあふれるサービスで顧客対応を行っている。また，1972年に誕生したブランド「赤い風船」のリブランディングも50周年に向けて始動している。

　　※2020年10月15日堀坂明弘社長（当時）インタビュー，2020年10月16日執行役
　　　員・総務人事部長インタビュー
　　＊サービス旅行業……社員5,061名（グループ全体2020年７月１日時点）

　　レストランに例えるなら星のあるフレンチというよりも，飾り気のない素朴な美味しさ，やさしさで心のこもったものを提供するお店でいたい

　　<u>日本旅行の経営理念と行動規範（５の①）</u>

●経営理念　日本旅行は，あふれる感性とみなぎる情熱を持って，魅力ある旅の創造とあたたかいサービスに努め，お客様に愛され，未来を拓くアクティブカンパニーを目指し，豊かな生活と文化の向上に貢献します。

●行動規範　H・E・A・R・T

HOSPITALITY	私たちはお客様を大切にし，「親切」「誠実」「正確」「迅速」に行動します。
ENERGY	私たちはみなぎる活力と情熱を持ち，あらゆる目標に果敢にチャレンジします。
ACHIEVEMENT	私たちは常にコスト意識を持ち，生産性の向上と収益の拡大に努めます。
REVOLUTION	私たちは「出る杭」となることを恐れず，仕事の変革に努めます。
TOGETHER	私たちは会社の発展とともに自らの幸せを築きます。

　以下ダイレクトトークは堀坂明弘社長（当時）にインタビューしたものであり，それ以外は，渡邊義文総務人事部長にインタビューしたものである。

"ダイレクトトーク"（5の②）

　前代表取締役である堀坂明弘氏は，2016年の代表取締役就任以来，4店舗を除き全国の支店をすべて訪問し（2020年10月15日時点），社員とのダイ

レクトトークを大切にしていた。社長室にある日本地図には全支店が記載され，堀坂氏が出向いた先には印がつけられた。この現場主義の考えは，「現場には課題があるとしても，またその解決方法も見つかる」という信念に基づくものである。時には，視察先の支店長とともに顧客への訪問にも同行していたという。トップが直接，社員と対話する機会を作り出し，コミュニケーションを生み出し，まさに社長（当時）自らが株式会社日本旅行を"Living Brand"（ブランド体現）し，インターナルブランディングを実践していたといってよい。

"HEARTの唱和"（5の④）

日本旅行の経営理念と行動規範は，本社，各支店および事業所にポスターにしたものが掲げられ，社員はこれを唱和している。この唱和を毎日行うのかなど，その頻度ややり方は各支店や事業所に任せている。ちなみに本社総務人事部では毎日行っている。また，管理職以上は当然のごとく経営理念や行動規範を理解し，自分自身に落とし込み，勿論諳んずることができる。唱和は従来から行われており，渡邊義文総務人事部長が19年前に入社された頃すでに習慣化されていた。

行動規範であるHEARTは，経営理念の策定と同時に西日本旅客鉄道株式会社（JR西日本）の当時の行動規範を参考に作成された。

"俺たちがいるから，自信をもってすすめ"

日本旅行の期待する人材像は「自立変革型社員」であり，それに基づいて，入社後のそれぞれのステージで研修の機会を提供している。「ひとつ上のステージの視点を持て」というのが会社の発するメッセージ，人材像である。3年目の社員であればいつまでも新人気分ではなく指導職としての視点を，5年目の社員であれば管理職の視点をもって周囲を見て行動せよ，というものであり，会社は常に社員の成長をサポートし，社員の成熟

を共有していく。

　高校を卒業して18歳で入社してきた社員から「子供が生まれました」という報告があると，報告をうけた総務人事部長は親の気持ちになるといった優しさや温かさのある企業風土である。この企業文化を象徴するエピソードがある。今回インタビューを行った渡邊総務人事部長は就任時，歴代の総務人事部長の方々から「前を向いて行けよ，俺たちがいるからな」と連絡を受けた。総務人事部長という職種は，ともすれば社内では疎んじられ嫌われる大変な立場である。前任者たちが「私たちは，いつもあなたのそばにいるよ」とエールを送ってくれたのだ。渡邊総務人事部長は思わず涙がこぼれ落ちそうになったそうである。「馬鹿正直ではあるが，人間味あふれる企業文化」である。それは，営業が主軸をなす会社であるけれども，誰か1人を特定して評価するよりも，頑張ったのであれば皆を評価してほしいという想いを持つ社員が圧倒的に多い風土でもある。2000年代に成果主義があらゆる企業に導入された際に，同社でも人事制度として導入されたが，社風とは合わず，修正を加え現在の評価制度（目標管理を主体としたもの）へと移行している。

　ただし，営業が主体の会社であることには変わりなく，営業成績の優秀な社員やチームを毎年表彰する制度があり，社長，役員ほか約100人が一同に沖縄に集まり，セレモニーを行う。MVPは社長賞である。そのほか，新人賞や営業本部長賞などがあり，金一封と表彰状が授与される。

"一期一会を大切にしたい"

　株式会社日本旅行のホームページの随所に現れる「瞬間」を大切にするとは，一期一会を大切にしたいという想いでもある。この「瞬間」は人と人とが交わったコンタクト・ポイントである。運命ともいえよう。これは社員と会社の間の瞬間だけではなく，社員とお客様とが出会い交わることも瞬間である。この瞬間は互いの向き合い方によっては良いものにも悪い

ものにもなる。一方は瞬間と感じていても，他方は感じていないかもしれない。瞬間の延長線上につながり，出会うことと想いがあって顧客へサービスを提供すれば，必ず後に続いていく。互いが瞬間と感じたその瞬間からストーリーは始まり，社員は"Living Brand"（ブランド体現）していくのだろう。

"一緒に働きたいか否か"

社員の採用において何を基準にするかについては，「一緒に働きたいか否か」という感覚を大切にしている。くだけた言いまわしをするならば，採用したい人材に対しては「俺に惚れさせるつもりで口説くからな」というスタンスである。「一緒に働きたいか否か」「一緒にいたいか否か」が採用のポイントとなっている。

2020年の幕開けと同時に始まった新型コロナウイルス感染症の拡大により，観光業や旅行業は大打撃を受けた。巣ごもり生活とインバウンドの消

本社にて：堀坂社長（当時）（2020年10月15日撮影）

本社にて：左から陶山，伊藤，渡邊総務人事部長（2020年10月15日撮影）

　失などが業界に深刻な影響を与えてきている。しかし，日本旅行では旅行業から他業種へ180度転換するなどのようなことがない限り，この経営理念は変わらず，人事施策のコアな考え方も変わることはない。ただし，ニューノーマル（新常態）という点からは制度の見直しが迫られている。人事評価においては，テレワークにより頑張り度などを直で見ることができない，といったことなどを今後どのように人事評価に反映させるのかを模索している。

　勤務体制も，緊急事態宣言時は大多数の店舗を休業していたが，2020年10月以降の"Go Toトラベル"もあり，2020年10月時点では通常勤務に戻していたが，その後の旅行需要の落ち込みを受け，2021年3月，店舗数の半減や要員の削減をはじめ中期経営計画を見直している。

　次に，実際にLeadership Development Program（以下，「LDP研修」という）を受講した第1期生T氏※にインタビューを行った。このLDP研

修は，将来の基幹社員（幹部候補生）への登竜門で，入社6年目以降から35歳までに受講する日本旅行独自の教育研修である。

※2020年11月17日Ｔ氏へのインタビュー。Ｔ氏は入社15年目で関西教育旅行支店副支店長。入社以来教育担当で大阪支社在籍

　Ｔ氏には，LDP研修を受けた第1期生の目線（受講者目線）から語っていただいた。ちなみに，日本旅行の行動規範であるHEARTについては，大阪支社では月曜と木曜の朝礼で唱和している。

“どれだけ「イエス」をひきだせるのか”

　旅行業界には，他の旅行会社と差別化ができる商品がない。つまり，旅行は，iPhoneなどのようなプロダクトと異なり商品力で売れるものではないのである。これは実際に旅行する消費者であるわれわれが一番実感することであるが，旅行会社名が異なるだけで，交通手段や宿泊施設，観光施設などの内容はほぼ似たり寄ったりである。では，何で勝負するのかとなると，営業力であり，いかにお客様のニーズを捉えるか，つまり“営業担当者の資質”に依存するところが大きいのである。営業担当者は，お客様とどのように接するか，どれだけ顧客から「イエス」を引き出せるかが重要となる。営業担当者は，最前線，一番顧客と近いところに位置するため，お客様からお叱りを受けることは当たり前である。そのような場合においても，常に支店の名前に傷をつけないようにという意識をもっており，間接部門よりはブランド意識が高いと考えられる。また，教育旅行は一般の個人旅行とは大きく異なり，受注から2年かけて完成する長期プロジェクトである。そのため，担当者を変えると顧客が離れていくリスクが高い。したがって，原則，担当者を変更することはない。ただし，今後のさまざまな社会変化等に対応するためにジョブローテーションを行っていく方向ではあるが，リスクの高さは避けられない。

"LDP研修"（5の⑤）

　LDP研修とは，この最前線で勝負するリーダーを育てる，営業部門以外であれば最前線で勝負する営業担当者たちを支えるリーダーを育成するための研修である。

　この研修に参加するには次のような条件がある。

① 若手社員を対象としているため年齢制限あり（35歳以下）

② 満5年以上の在籍者（営業部門のみならず仕入部門，海外部門，間接部門などさまざまな部署から集まってくる）

③ 他者推薦（所属長の推薦）と自己推薦により応募（応募倍率は約2倍で，晴れて合格した20〜25名が参加）

④ 論文提出（内容は，自身が所属している支店・支社におけるリーダーについて）

　LDP研修1期生のT氏は現在，30代後半の副支店長である。オフィシャルに他の社員を推薦したことはないが，後輩に対して，是非ともLDP研修に応募すべきであると助言したことはある。現在，LDP研修は9期目（2020年11月17日時点）に入っている。

　LDP研修は，社内でも厳しい研修で知られており（実際に，T氏も開口一番「厳しい研修でした」と。），しかし乗り越えたら非常に力のつく研修と社内での評価は高い。外部から9年間同じ講師を迎えている。

　日程は，7日間（1ヵ月1回，東京で集合研修，1泊2日の合宿も含めて7日間）で，コミュニケーション研修が中心となっている。他者からどう見られているか，ボス・マネージメント（上司との付き合い方）など，現場で，実践で使えるような密度の濃い研修内容である。形式としては，4〜5人ごとのグループが編成され，講師から与えられたテーマごとにグループディスカッションを行い，そして発表する。その内容を講師が厳しく指摘するものである。

　グループディスカッションでは，例えば，コミュニケーションがうまくいっていない「知事と新聞記者とのやりとり」の映像を見て，両者がうまくコミュニケーションするには，事前の準備をどうすればよいのかなど，理由づけと対処法をディスカッションし，考える。

　物事を多角的に捉えていくこと，ロジックツリーの展開などの訓練にもなる。

　最後の回で，全7回の研修を終えて，今後どうしていくのかを発表する。この最後の回には，さらなる講師からの鋭い指摘（"攻め"）がある。そして最終日にMVPが選出される。

　T氏らLDP研修の修了生たちは，現在でもこの研修を生かしたいと考え，1期生から5期生までの縦横のつながりをもつために，彼らが実際に教えてもらった講師を自費で招き，自主的に勉強会や旅行を行ったりしており，さらにつながりを深めている。

　また日本旅行では，営業担当者のレベルであってもかなりの権限を委譲するという社風がある。任せてもらえるという喜びを社員は感じるだろう。

図5－1 ▶日本旅行の研修制度とリーダーシップ開発プログラム（LDP）

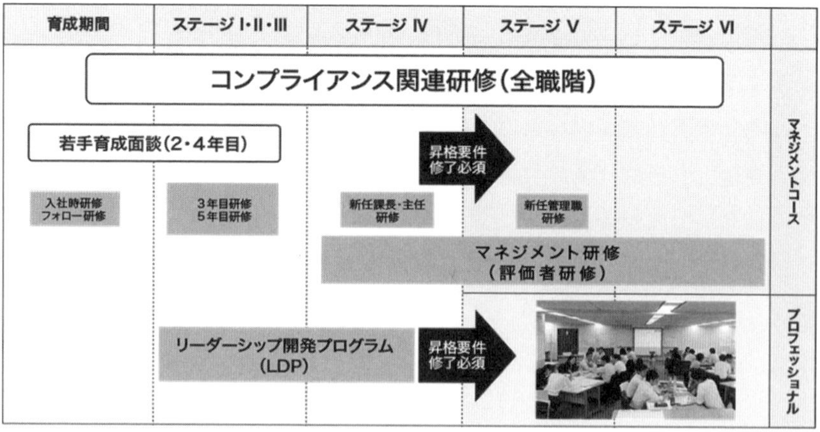

出所：株式会社日本旅行ホームページより（アクセス2020.10.15）

LDP研修は，自信をつけて旅行のプロフェッショナルとして，自分の能力を鍛えるだけでなく，所属部署の力を引き上げられる能力を身につけることが重要で，研修後にはそれぞれの所属部門，支店等へフィードバックを行い，組織としての底上げも期待されている研修であることも忘れてはならない。

“同じ釜の飯を食う”（5の③）

　T氏は，自身がリーダーになるにあたり，他部署とのつながり，優秀な社員とのつながりを構築できたことが大きかったと実感している。古い言いまわしかもしれないが，“同じ釜の飯を食った”同士というつながりである。

　これは，“この部署に「このヒトがいる」”という人財を意味し，またお互いに認め合う厳しい研修であるからこそ生まれてくる実感なのであろう。

　実際に，大変ポジティブな参加者が多く，ディスカッションしていてもどんどん良い意見がでてきたという。

　また参加者たちは，“精鋭たちが集まっているのだ”という自負があり，もちろんライバル心は生まれてくるが，誰かを蹴落とそうというのではなく，互いに切磋琢磨しようという本当の意味での良きライバル，まさに同志である。これは仕事への活力にもつながっていくのだろう。

“報酬制度と連携”（5の⑤）

　LDP研修は将来のリーダーを育成するものであるが，報酬制度にも連携し，給与が増える仕組みも併せもつ。LDP研修を受講し，修了し，その後のパフォーマンスやアウトプットが会社の期待するレベルに達したと判断されると，一挙にステージ（職階）が上がる飛び級もあり，給与も大きく増えるインセンティブが含まれている。このような昇給システムは，旅行会社で採用しているところは稀であるとのことであった。大変ユニークな

制度である。

　先の渡邊総務人事部長のインタビューを参考にしていただきたいが，人事評価には大きく２つの柱がある。半期ごとの数字面の実績とプロセス評価であり，どちらにも片寄らないような制度設計となっている。

　若手社員の給与が一気に増えるというインセンティブもあわせもつLDP研修だが，満５年という在籍要件が必要となる。仮に３年目，４年目の大変優秀な若手社員がいても，彼らは受講することはできない。成果を上げているけれども，本人たちの思う評価がなされていないと感じるかもしれない。この場合は，他社へ流出してしまうおそれもあるかもしれない。このLDP研修を受講できる一歩手前の若手社員へのケアも，今後の施策には必要になるだろう。

"いい人が多い"（５の①）

　日本旅行と接する施設（旅館，ホテルなど）や交通事業者（鉄道，バス，航空，船舶など）からは，「日本旅行はいい人が多い」という声をよく聞くとのことである。日本旅行のホスピタリティの姿勢から，上から目線ではなく常に協力目線で接しているからと考えられる。顧客視点でサポートしていく姿勢が体現されているからではないだろうか。

　いい人が多いという "いい人" は良い誉め言葉の意味であるが，一方で，いい人は押しが弱いため，最後の一押しができないのである。お客様のために多少の無理を言ったり，これはこうした方がよいと言い切ったり，時には旅行のプロとして強く提案することは今後の課題であろう。そして，それらを解決していくための研修としてもLDP研修は位置づけられる。

"誠実・素朴・洗練"

　T氏とのインタビューの最後に，本社で質問した内容と同じことを尋ねてみた。

Q1：日本旅行らしさとは？

A1：やわらかさ

Q2：では，日本旅行をご飯屋さんにたとえると？

A2：座敷のある堅苦しくない和食の店。ルール決めのないお客様に合わせて，薄味の，飽きない，何度も行きたい店

Q3：ブランドパーソナリティ（誠実，洗練，素朴，能力，刺激）は？

A3：日本旅行は「誠実」

T氏自身は「どれにも当てはまらないかな，あえていうなら素朴。勝負は好きだが，人の何かを奪ってまでという感じではない。」

ちなみに，LDP研修は「洗練」とのこと。

［事例からのヒント］

強みは弱みにもなり得る，表裏一体のものである。他者を振り落としてのし上がっていくというよりも，一緒に手に手を取ってというような企業文化であるがゆえに，優しすぎることもあるかもしれない。ここに少し日本旅行らしいインセンティブを加えた人事管理制度なども考え，強いブランドを構築するためにも，これまで以上に社員と顧客の「瞬間」はブランド共創というブランド主導のもと，社員に対する教育研修制度を軸とする人事管理制度を継続することが望まれるだろう。

また，LDP研修が実際に日本旅行のブランド構築とつながっているのかという点についていうと，研修が始まり9年目ということもあり検証はされているわけではないが，将来のブランド構築のための土台作りとなっているはずである。これは歴史の長い会社にとっては，歴史あるがゆえにすぐに反映されるというものではないのだろう。しかし，LDP研修の修了生たちは中核となる人財であることから，彼らから発信していき，期待される人材像のモデルになれば，これがブランド力につながっていくと考えられる。

　また，経営理念を浸透させるための施策として「唱和」が行われており，効果的なツールであることがわかった。ただし，同じ唱和であっても，方法や内容によってはかえって社員はだらだらとただ諳んじることに終わる可能性が高い。「経営理念は諳んじて言えますよ」といっても，"門前の小僧習わぬ経を読む"では全く意味がないのである。例えば，朝礼においてもだらだらと行うのではなく，唱和は1分で完了する，という時間を定めることも考えられる。経営理念を唱和する際においても，日々の業務との整合性がとれていれば言葉は大きな意味をもつ。社員にとってそれは，自分自身の行動のチェックにもなり浸透しやすい。この点は工夫の必要があるだろう。

第 **6** 章

"Living Brand"（ブランド体現）

6-1　"Living Brand"（ブランド体現）への ステップ I

　企業のブランディングの根幹を担うのは，社員一人一人である。社員にブランドを浸透させていくには，明確かつ，できるかぎりわかりやすい言葉で伝えれば理解もしやすい。社員がいわゆる"腑に落ちる"と，行動に移し，社外に企業のブランド価値を提供していく仕組みをつくることが可能になる。つまりブランド価値を提供していくのは，"わたしたちである"という意識を社員に持たせ，そしてブランドを浸透させる仕組みが必要である。これは，社員に向けて自社のブランド理念，ミッションやビジョン，バリューを理解させ，浸透させて実際の日々の業務にブランドを落とし込み，最終的に社員自身が自社のブランドを体現する，"Living Brand"（ブランド体現）という一連のプロセスを完結させることである。このプロセスは，インターナルブランディングの究極の目標であり神髄でもある。

　ブランド研究の権威であるケラー（Keller, 2019）も引用しているデイビスとダン（Davis and Dunn, 2002）によれば，"Living Brand"（ブランド体現）は，3段階のステップにより実現されていく。

　ステップ1：Hear it*（知っている）

　ステップ2：Believe it*（信じている）

　ステップ3：Live it*（体現する）

　*itは自社のブランドをさす。

　"Living Brand"（ブランド体現）への3ステップは，社員が成長し，成熟していく過程でもある。このプロセスとブランド主導型のHRM（人的資源管理）を融合させれば，"強いブランド"の構築が可能となる。

　インターナルブランディングによって創造されていく強いブランドの構築プロセスに，"Living Brand"（ブランド体現）の体現ステージ，マズ

図6－1 ▶ "Living Brand"（ブランド体現）のステージ

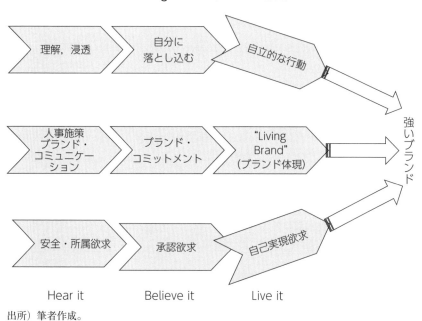

理解，浸透

自分に
落とし込む

自立的な行動

人事施策
ブランド・
コミュニケー
ション

ブランド・
コミットメント

"Living
Brand"
（ブランド体現）

強いブランド

安全・所属欲求

承認欲求

自己実現欲求

Hear it　　　　　Believe it　　　　Live it

出所）筆者作成。

ローのいう欲求説（自己実現）を融合させてみると図6－1のようになる。

　インターナルブランディングは，社員にブランドを理解させ，浸透させ，体現していくという段階を経る。それはまた社員の成長の過程でもあるため，すぐに成果の表れるものではない。時間のかかる中長期の戦略としての性質をもつ。どうしても目先の売上や利益に目がいってしまい，すぐに効果の表れないインターナルブランディングにあまり注意を払わない経営者もいるかもしれないが，焦りは禁物で，急いではいけない。繰り返すが，"Living Brand"（ブランド体現）は社員の成長過程でもある。企業価値の源泉である人を育てるという視点をもたなければならない。時間をかけて取り組み，適切な投資をしていけば必ず大きな効果を生むはずである。Keller（2008, 2013, 2019）でも指摘されているように，これは企業が中長

期経営計画の中で取り組む必要があるブランド戦略であることを肝に銘じなければならない。

　実際には，図6－1の過程の中で，社員に対する浸透プログラムとして教育，研修や報酬制度などをそれぞれのステージで行う。企業の製品・サービスのブランド価値を外部に伝えたり，サービスが提供できる場合には，社員自身がそのサービスを企業から受けることでそのブランドを体感し，エクスターナルブランディングへとつながる。この"つなげること"が必要なのである。単に人事施策や研修などを導入するだけでなく，ブランドを浸透させるための福利厚生，労働環境，設備などの職場環境の整備も欠かせない。そして，インターナルブランディングのために多くの時間や投資を行ったとしても，企業文化のもとにつくり出される部門横断的な協力関係，支援的な関係が継続的に構築されること，またコミュニケーションが不十分であれば，無意味なものに終わってしまうだろう。むしろ，社員がブランドに対して後ろ向きになってしまうおそれがある。

　企業のブランド理念やビジョン，ミッション，バリューを社員に浸透させ，社員が主体的にそのビジョンに共感し，共有し，実行に移し，そして評価を得ていく。その繰り返しがインターナルブランディングには必要である。時間がかかって当然である。1部門だけではそれを実行することは困難で，全社的に取り組まなければならない。また，インターナルブランディングは，一方通行で終わりにするのではなく，その都度評価し，確認し，1つのビジネスサイクルとして繰り返し，中長期間をかけて行うブランディング活動なのである。

　しかし，その繰り返しが波に乗り，社員の腑に落ちれば，その速度も上がるだろう。社員はどんどんブランド発信者ないし第2章で考察したCRM（顧客関係管理）におけるブランド推奨者やパートナーとして自発的に行動していくようになる。こうして社員は，社員であると同時に推奨者やパートナーといった顧客を超えた存在としてのファンでもあるという

同時性をもちえたヒト（人材）となり，企業に貢献し，社会へ発信し，寄与し，コミットし，そして，"Living Brand"（ブランド体現）していくのである。

　Keller（2019）は，「インターナルブランディングには，エクスターナルブランディングほど多くの時間や金額をかけられることはないが，重要な源泉として必要であり，多くの利益をもたらす。組織のアイデンティティの変化や促進を手助けする土台，プラットフォームなのである」と指摘している。例えば，インターナルブランディングによって，社員が自社ブランドの**いちばん**のファン（いわゆる「ブランド・チャンピオン」）になって，家族や友人に対してやソーシャルメディア等で自社のブランドの良さやすばらしさを発信してくれれば，そして，それが社外のユーザーや潜在顧客に伝わっていけば，自社のブランドの価値はさらに広がりをみせ高くなっていく。このことは製品やサービスが社会に広く知られ，売上につながるということだけでなく，企業にとっては好ましい人材の獲得にもつながる大きな可能性も秘めている。まさしく，自社のブランドのファンが自社に応募してくれれば，ある程度のブランド浸透ができた段階での採用となるから，企業としてもそこから先のインターナルブランディング活動がやりやすくなる。

　社員がブランド価値を体現していき，社外へ発信したり推奨することで，社外の人々にその企業への関心や興味が生まれ，ファンとなり，企業にとって獲得したい人材が興味をもってくれるという"天使のサイクル"を企業は生み出すように導かなければならない。インターナルブランディングを成功させるには，社員が共感を覚え，共鳴してくれることが必要である。企業は，強いブランドを維持するために，人材マーケットから優れた人材の獲得と自社の人材流出防止やリテンションのためにも，「社員から」そして「社会から」選ばれる企業にならなければならない。

　企業の価値創造の源泉である社員に対して，会社はどのような価値を提

供できるのかが鍵となるが，それには社員と会社との関係性の見直しが不可欠である。従来のような上意下達の管理主義的な関係だけではなく，エンゲージメントという視点も必要となる。ともに成長していく関係性である。社員に共鳴してもらうには，トップダウンでブランド理念，ビジョンやミッション，バリューを伝える，という上から下への垂直型だけではなく，まずは，社員に選ばれる会社としてふさわしいブランド理念が必要とされるかもしれない。しかし，どんなに素晴らしいブランド理念，ビジョンやミッション，バリューを策定しても，それが社員には業務命令としてしか聞こえないものであれば逆効果である。ブランドは企業のものだけではなく，社員のものでもあるのだから。

図6－2▶ブランド理念の浸透プロセス

出所）筆者作成。

6-2 "Living Brand"（ブランド体現）への ステップⅡ－ "Super Living Brand" へ

"知っている（Hear it）" → "信じている（Believe it）" → "体現する（Live it）"，そして自分自身がブランドになる。ブランドDNAが社員の中に生まれ，この遺伝子をさらに新たに入社してくる社員へ受け継いでいく。常にインターナルブランディングは進化を続けており，止まることがない。いや止めてはならない。そうして，すべての社員がブランドを体現するようになり，最終的に強力なブランド構築が完成するのである。

　このプロセスは後ほど，事例として紹介するGlobal Mobility Service株式会社にまさに当てはまる。支援的・協力的な，さらに受容性のある企業文化のもと，企業のブランド理念，ビジョンやミッション，バリューが浸透していれば，社員は自発的に行動に移し，"Living Brand"（ブランド体現）していく。メンター制度なども取り入れ，会社は常に社員を支援する環境を整え，ブランド理念，ビジョンやミッション，バリューと社員とのズレをいち早くup-to-dateで軌道修正していく。また，新入社員にもそのDNAを受け継ぐことを求めていく。

　企業の持続的成長と発展のための強い組織力を創るのはヒト（人材）である。この社員がブランド体現者へと成長・成熟していく３つの段階に沿って人事制度，研修制度を導入することで，社員に対するブランド浸透がより効果的になるであろう。また，ブランドに貢献すること，自身の役割を認識し，報酬（給料）を得るためには何をすれば報われるのか，社員自らが考え行動しなければならない。もちろん企業の理念や法令に外れてはいけないが，これは社員の自立・自律を促すという果実も生み出す。

図6－3 ▶人事施策，環境と "Living Brand"

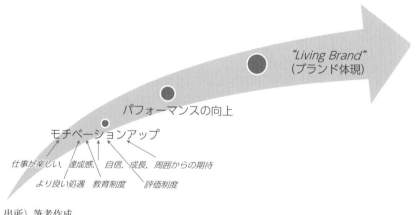

出所）筆者作成。

　Maslow（1970）では，Maslow（1943, 1954）のいう5段階欲求説の頂点であった自己実現欲求（Self-actualization）をさらに超越したステージ，"社会のために貢献していくような"自己超越欲求"（Self-transcendence：6段階目の利他的欲求）が提示されている。そこには，他者への奉仕，真実や芸術といった理想，社会正義，環境保護など自己実現を超えた貢献が自身のアイデンティティとなるようなニーズが含まれている。このような最も高次の欲求段階に到達することができれば，最高に理想的な姿となる。ブランドの観点からいえば，これは，"Super Living Brand"（ブランド体現）に他ならない。

　先ほどの図6－1に，マズローの第6ステージ自己超越欲求を加えたものが図6－4である。

図6－4 ▶ "Super Living Brand"

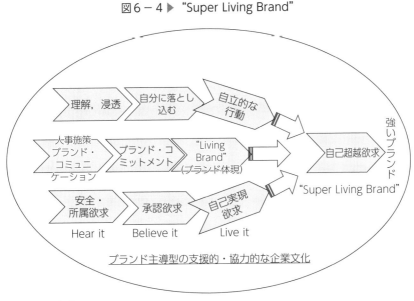

出所）筆者作成。

　個人が自己実現だけを考える閉鎖的な存在ではなくなり，家族をはじめ他者，地域，社会，さらに自然環境なども含めた貢献を意識するようになると，ブランド・コミュニティが形成される。序章でも述べたように，ブランド・コミュニティは「ブランドに対して肯定的な感情と同一化価値を有する人々の社会的関係からなるネットワーク」である。そして企業内の経営者や従業員，企業外の株主をはじめとする地域や社会におけるステークホルダーの間で形成される，その限りではオープンなネットワークである。ある特定のブランドのファン，推奨者やパートナーの間で社会的な関係でつくられた集合をもとに，かつては，顧客や消費者と製品・サービスやブランドとの関係は1対1と考えられてきたが，現在では，SNSの普及や価値観の変化にともない，多対多の限定的な関係性ではなくなった。ブランドのファン，推奨者やパートナーであるメンバーが，ブランドに対する結びつきだけでなく，メンバー同士で互いに結びつきを感じている。これは，彼らが，ファンとなっているブランドとそうでない他のブランドとの間にある境界線を意識しながら，メンバー同士の絆はさらに強まり，より強力なブランドが構築されるツールでもある。

　このような広がりをみせたブランド・コミュニティが形成されることによって，ブランドの強力なファン（大ファン）である顧客や消費者だけでなく，経営者や従業員などを含めてともにブランドを創り上げていく"ブランド価値の共創者"が誕生するのである。

6-3　Global Mobility Service株式会社の事例

　Global Mobility Service株式会社は，ブランディングの重要性を意識したうえで，これまでに論じてきたインターナルブランディングの内容をすべて実践している素晴らしい事例である。あえて，5ツールの番号

を加える必要はない。なぜなら，どの施策にも5ツールのすべてが含まれているからである。

※2020年11月20日，グローバルモビリティーサービス（以下，GMS）本社にて，中島徳至代表取締役社長執行役員/CEO，大島磨礼取締役執行役員経営企画室長兼CFO，大久保祐介執行役員CEO室長兼CCOにインタビューを行った。

＊取締役2名+社外2名，執行役員8名のガバナンス体制。執行役員は各国のCEOを含む。社員270名（男性70%女性30%）。残業は月20時間程度，新卒40%中途採用60%。

　　ニューリーダーになるために，社会へコミットしていく社員に対して，会社は場とチャンスを与え，サポートしていく企業文化

Global Mobility Service株式会社の経営理念とビジョン

- ●経営理念　　モビリティサービスの提供を通じ，多くの人を幸せにする
- ●ビジョン　　「真面目に働く人が正しく評価される仕組み」を創造する

　GMSは，2013年起業時の数人からわずか7年で社員数約270名，フィリピン，カンボジア，インドネシアなどASEAN諸国を中心に展開し，5ヵ国に及ぶグローバル企業へと躍進したスタートアップ企業である。2020年11月に発表された日本経済新聞社による「NEXTユニコーン調査」では，未上場企業価値ランキングでは6位であり，推計企業価値は495億円と報じられた。

"「クルマさえあれば，仕事につける」そして，その先へ"

　フィリピンでは，トライシクル（三輪タクシー）を使って仕事をしたくても，金銭的に余裕がないために，それを買うことができない。金融機関

から融資も受けることができない現地の人たちは多い。その人たちに何かできないだろうか，社会を良くしたいという社会的課題の解決への思い，そしてトライシクルを手にしたことにとどまらず，手にしたことによって生まれるその先の幸福につながることへの追求という考えから，低所得者向けの自動車購入支援というモビリティサービスが始まった。

GMSのビジネスはSDGs（持続可能な開発目標）の17の目標のうち7つの達成に貢献し，真の意味で「サスティナブル」なビジネスモデルが顧客や社会に受け入れられたことの意義が大きいが，さらには，社員の意識と会社の目指す方向が統一されていることが非常に意義深い。

"経営理念に深くコミットできますか"

GMSの社員の採用条件は，"経営理念に深くコミットするか"である。GMSの門をたたいてくるのは，社会に対してコミットしなければという使命感を抱いた人物であり，社会的な目的意識の高い人材である。たとえ力があったとしても，スキルが高かったとしても，社会に対してコミットするという面をもちえないと最終面接に残ることはできない。スタートアップ企業であるため中途採用者の割合が大きいが，新卒採用も毎年実施している，研修制度にかける比重は高く，経営理念やビジョンなどを浸透させるためのプログラムに力を注いでいる。

理念共有が最も大切であり普遍であるという考えのもとに，常に経営理念と社員の意識にズレが生じないよう継続的に，要所要所，そしてタイムリーに社員に対して経営理念やビジョンなどを浸透させ，社員の意識の統一を図っている。

"インターンシップで現地を知る"

新卒採用についていうと，必ずインターンシップ制度を学生時代に経験しなければならない。実際に，数ヵ月間フィリピンで働き，職場を知って

から入社する。GMSのサービスを泣いて喜ぶお客様を実際に見て感じるためである。GMSのサービスが社会にもたらす好影響を入口レベルで感じることで，より経営理念にコミットする。経営理念やビジョン浸透のためのプログラムは，すでに入社以前から始まっているのである。

入社後については，経営理念やビジョンなどを浸透させるために，一貫した教育研修制度とそれをフォローするメンター制度がある。

"ベクトルを常に合わせるメンター制度"

新卒社員は，あらゆる学生にとって必要であるように，入社後に学生から社会人へと意識を切り替えなければならない。外部講師を招き，社会人としての徹底した基礎的な研修を2週間（例えば，名刺交換，ビジネスメール，あいさつなどのマナー研修も含む）受け，その後，部署ごとに配属され，OJTへと移る。同時にメンター制度も導入される。スタートアップ企業ということもあり，他社において豊富な経験を有する中途入社者の存在はOJTには欠かせない。それぞれの業務に専門性のある中途採用者の意見も活用しながら，新卒社員がOJTを受ける。

入社半年が経過すると，フォローアップ研修があり，"腑に落ちるか"どうかを確認する。また，入社1年後の期末に，1年を振り返る期末レビュー面談が実施される。

スキルについては，会計関係，簿記などのe-ラーニングをはじめ，さまざまなプログラムが用意されている。またそれぞれの業務に応じてOff-JTも取り入れられている。

職位に応じてリーダーシップ研修があり，新たにリーダーとなる社員はマネジメント研修を受講する。また，幹部社員には企業派遣によるビジネススクールへの通学を全面的にサポートしている。

問題意識をもった社員から「こういうことを学びたい」という声があれば，必要なサポートをしている。研修の予算は部門ごとに立てており，か

なりの予算を確保し，手厚く行っている。

メンター制度については，新入社員にメンター（直属上司とは別の部門）をつけ，週に1回（2週間に1回のケースもある）のメンタリングの時間を設けている。この制度の目的は，メンティー（新入社員）の意識と会社の理念やビジョンなどとの間にギャップが生じないようにすることである。入社時は，経営理念を共有できていたとしても，入社後に経営理念と自意識との間にズレが生じるケースもある。それを補正し，ベクトルを合わせていくのである。また，中途入社者と新卒社員では，メンタリングでも少し意味が異なる。中途入社者はすでにさまざまな経験をしているので，彼らのやり方とGMSのやり方をアジャスト（adjust）し，ギャップを埋めることを目的としている。いずれにせよ，このメンター制度の導入により，会社の経営理念やビジョンなどとのギャップが生じても，早い段階でクリアされることになる。

メンター期間は，半年から1年は必須とされている。しかし，希望者はその後も延長可能であり，最長2年までメンター制度を活用することができる。

"報告したくなるような場"

経営理念は変化していくのかという問いに対する答えは，「経営理念は不変なものであり，今後も変わることはないものである。経営理念は不変であるが，理念の実現の仕方は国ごとに異なってくる」という。

つまり，具現化する方法は異なるとしても，経営理念に沿うことは万国共通であり，実現したい世界観は変わらないのである。

例えば，最初に事業を立ち上げた国であるフィリピンでは，現在約160名の社員が在籍しており，日本本社から現地へ経営理念（考え方）を持ち込みはするが，具現化するのはフィリピン人社員である。この理念のもと，現地の人間が，現地で起こる課題（ローカルな課題）を解決するのである。

あくまで日本本社からは「モビリティサービスの提供を通じ，多くの人を幸せにする」という経営理念のDNAを現地へ持ち込むだけである。そして現地において，常に理念に立ち戻って課題の解決や判断を行い，実行に移すのである。

　この経営理念を掲げ，GMSでは世界5ヵ国すべての朝礼で各国の言語で唱和し，経営理念を基軸とした企業活動を展開している。

　また，インターナルブランディングの取組みとしては，本社からそれぞれの国の新しい取組みを全社員に向けて情報発信する，社内向けのコミュニケーションが行われている。日本国内だけでなく5ヵ国の社員がつながるため，グローバルコミュニケーションとして位置づけられており，ここにも，社内向けのインターナルコミュニケーションの重要性がうかがわれる。

　社内外に向けたコミュニケーションを目的とするオウンドメディアのGMS TIMESでは，海外や国内でのGMSの取組みや社員を紹介する動画を発信することで，経営理念に基づくGMSブランドの構築に貢献している。

　これらのコミュニケーションを運用していくうえでは，コンテンツの質と量が大事であるが，GMSでは意識的に定期的にオンライン会議を行い，社員が「報告したくなるような場を設ける」ことにより，社員のブランド体現へのステップとなっている。これらのコミュニケーションも時代に合った手法で行うように心がけているということであった。

　経営理念は事業開発においても礎となる。GMSにとって，新しいニーズをどう捉えていくのか，気づけるのかという視点は非常に重要視されている。従来より，ヒトを運ぶドライバーのニーズは高かったが，コロナ禍における巣ごもりにより，モノを配送するドライバーの社会的ニーズが高まりを見せた。GMSは，この潮流をいち早く捉え，モノを運ぶドライバー向けの新規事業開発につなげている。この一連の過程の中でも，やはり起点となっているのは，「モビリティサービスの提供を通じ，多くの人を幸

せにする」という経営理念であり，この理念に基づき社会に向き合うことで，社会のニーズを捉えることができるのである。

現在も全く収束の兆しをみせないコロナ禍の中，就業形態はどの企業も変化した。GMSでもさまざまな制度を導入し，インフラを整えてきている。しかし，経営側が良かれと思って導入しても，社員にとっては，必ずしもそうでない一方通行となる場合もある。そこで，新たな制度設計をしていくために社員にアンケートを行った。より良い職場環境へと変化する中で，すべてではないが自分たちの思っているものが実現していく，という実感が生まれる。

インターナルブランディングは，伝えていく声を拾い上げていくことが大切であり，コロナ禍になってから特に工夫している。GMS TIMESなどもどんどん活用し，その手法としてのレベルは上がっていったとのことであった。

ベンチャー企業では，働く意義を自分たちが作り上げていくという意識が強いので，インターナルブランディングを進めやすいのかもしれない。

"ブランド主導型の組織" 社員の *"Living Brand*（ブランド体現）*"*

実際にGMSでは，経営理念を中心に据えたインターナルブランディングを進めており，その結果として社員がブランド理念を体現した例がある。

それは，コロナ禍におけるフィリピンでの事例である。インタビュー当時フィリピンはアジアで新型コロナウイルス感染症による死者数が一番多い国であった。現地社員は，このパンデミックによる惨状の中で，ドライバーを幸せにするには何をすべきかと考えた。

彼らは，1万人のドライバー一人一人に電話をしていったのである。ドライバーの中には食べるものもなく，今にも餓死しそうになっている人もいたということだ。社員は，パンデミックによる惨禍の中，自分たちが何をすべきかを的確に捉え，食料を届けることを行った。そして，ドライ

バーたちと痛みも喜びも分かち合ったのである。まさに社会へコミットする，そして幸せにするブランド理念の"Living Brand"（ブランド体現）を行ったのである。

"トップのメッセージ"

加えて，トップの発する言葉はとても強いメッセージをもつ。

コロナ禍の大変な状況の中，中島徳至社長（CEO）が，タガログ語で現地へメッセージビデオを送ったところ，社員はさらにモチベーションが上がったという。そして，社員はブランド体現のさらなる段階へと進むのである。

この社長（CEO）のメッセージによって，現地社員は改めて自分たちの行動が社会へコミットし，社会的課題を解決しているという実感を得たであろうし，勇気ももらえたであろう。インターナルブランディングがまさに浸透し，理想のモデルとなっているといえよう。ただし，メッセージによっては，ともすれば社員を後ろ向きにさせてしまうおそれもある。しかし，GMSの場合には，インターナルブランディングを日頃から実践し，また支援的な企業文化があるからこそ成功したのであろう。

トップのメッセージは大変重要な役割を果たすが，伝えるときには，軸をぶらさないことを決して忘れてはならない。そして，誰に伝えるのかを明確にしなければならない。GMSでは，何を伝えるかという要素をターゲットに応じてmappingし，伝えるための手段として「コミュニケーション・マップ」を作成している。これらのツールも経営理念に軸をもつブランディングだから可能なのである。

"社会のニューリーダーに"

中島社長（CEO）は，社員は社会のリーダーになっていく気概をもつべきであり，そういう想いの人間がGMSに集まってくると考えている。

　誰かが解決しなくてはならない課題が世の中にはある。趣味的な興味事ではなく，今ある社会の問題を解決したい，社会のために行動するのだという崇高な想いを社員にはもち続けてほしい，そしてそのためにも社員と対話していく姿勢をもち続けていく，と中島社長（CEO）は語った。

　GMSは企業規模がまだ大きくないので，メンバー同士のことはわかる人数規模である。社員は皆，GMS事業に意義を感じて集まっている。そして，目指している目標と組織内の役割が明確になっている。

　会社は公器であり，持続的・安定的に社員とブランド理念を共有していくのである。社会のリーダーになれるかどうか，それは各人の意識の仕方にかかっている。自然となるというのではなく，自らが変えていかなければならないという意識のもとに成長した社会のリーダーから生み出される世界は，やがて素晴らしいものだとわかるようになる。自己実現から他者利益につながるものである。

“人事評価制度”

　GMSの昇進，昇格等の評価制度の根幹には，経営理念に基づいて仕事ができているかというベースがあり，目標管理制度を導入している。期初に目標設定を行い，1次考課（直属上司），2次考課（本部長）のあと役員会で最終決定となる。評価項目は大きく2つあり，「社員として自分を高める」と「目標をしっかりと達成する」である。四半期ごとにレビューを行い，今，自分が目標達成のための“何合目”にいるかを確認する。

　スタートアップ企業ならずとも，中途採用者の多い企業では必ず出てくる悩みであるが，中途入社者の給与テーブルの統一が難しい。全社員が納得できる給与テーブルにすることができれば，わかりやすく，全体像が捉えられるようになる。“これを身につけなければならない”と，社員がわかるようなGMS独自の人事評価制度の設計にも取り組んでいる（インタビュー当時（2020年11月20日））。レビューを通して会社とのベクトルを調整

し，一体化するプロセスを繰り返し行うのである。

"エンゲージメント"

インタビューの最後に中島社長（CEO）の言葉から，社員と社会とのエンゲージメントに通ずる考え方を垣間見ることができた。

「ドライバーにとって車を手にすることは手段である。目的はその先にある幸せである。社内の出世という狭いスケールではなく，会社は，社会が求める人材，ニューリーダーとしての責務をもつ人材を輩出すべきである。」

社員に社会のリーダーになりたいという考えがあれば，何をなすべきか自ずとわかる。このことが実現できるように，会社は社員に「場とチャンスを提供する」のである。これが良い働きをし，社会を発展させる貢献につながると考えている。社会的責任を真摯に捉え社会的課題を解決してい

GMS本社にて：左から大久保祐介執行役員，大島磨礼取締役，中島徳至社長（CEO），陶山，伊藤（2020年11月20日撮影）

く。ここまで考えている企業はまだまだ少ないだろう。「1つの時代を創るという自負を社員にはもってもらいたい。そのために会社は，社員をサポートし続けていく」と。

　顧客目線で捉える社内統一された考え，そして社員の一体感は，支援的・協力的な企業文化のもとで生み出され，そしてGMSはますます強い組織へと躍進していくであろう。

　もっとも，企業文化の維持，そしてこのインターナルブランディングを進めるにあたり，要となるリーダーの資質も大変重要である。ブランドリーダーシップをとって推進しなければならない。そのためにも，トップはコミュニケーションがとれる組織体制にしているのである。

［事例からのヒント］

　支援的・協力的な企業文化を意図的に創造し，社員との面接の機会やメンター制度など，up-to-dateできめ細やかな支援を根気強く継続的に行うという姿勢は，顧客目線を捉えたブランド主導型の組織体制である。

　インタビューの中でも，技術職社員の次のような話があった。いわゆる"技術屋"は，技術に誇りをもち，職人気質の人材が多いように思われることが多いが，GMSの技術本部は違う。ブランド理念を理解したいという高いモチベーションをもつ社員の集まりであるから，"○○を実現するには技術として△△を取り入れよう"，という姿勢で日々行動しているとのことである。常に意識しているのはエンドユーザーのことであり，エンドユーザーのことを考えて実現していく。まさしく顧客目線である。コロナ禍において，社内で仕事に関するアンケートをとったときに，技術職はリモートが可能な職種であるが，対面の良さを評価する声も上がり，アイデア創発のための対面での会議や顧客との対話を希望したということであった。

　GMSはスタートアップ企業であり，創業者の強いリーダーシップが社

員の“Living Brand”（ブランド体現）を牽引しているようにも思われる。中小企業には特に参考になる例だろう。また，インターナルブランディングには支援的・協力的な企業文化，5ツールがあり，インターナルステークホルダーに対して行うことが，エクスターナルステークホルダーへとつながっていることがよくわかる，まさに王道ともいえる事例である。インターナルブランディングを大切にしており，社員がブランドを体感しているのである。ブランドの価値やブランド体現する喜びを顧客へ伝えようと社員は動くのである。

終 章

DX&ポストコロナ時代の
インターナルブランディング

終-1　インターナルブランディングの枢要

　インターナルブランディングとは，企業と製品・サービスのブランディングと表裏一体をなす経営戦略である。人事施策やコミュニケーションなどを通じて社員にブランドが浸透していくが，最終的にはシンボルとしてのブランドを用いて顧客へ伝えられる。一方，エクスターナルブランディングの結果もたらされる企業の社会的なレピュテーションは，さらに社員にフィードバックされ，二つのブランディングの相乗効果を発揮しながら，結果として持続性のある強いブランドが実現されていくのである。

　それには，製品・サービスの研究開発の段階からエンドユーザーである顧客や消費者の手元に届く最終到達点まで，さらにその前の調達から販売後のアフターサービスまでがつながっているという点を見据えて，人事，調達，営業，マーケティング，研究開発など企業内のすべての部門が連携することが重要である。ブランド主導型のお互いを支える組織，支援的・協力的な企業文化のもとブランド理念に沿った行動ができているか，継続的にタイムリーに評価を行い，ブランドを根づかせていく。企業は，ブランド主導型の人事制度，評価・報酬制度と連動した仕組みのもとで継続的なコミュニケーションを遂行する。トップが社員と直接対話する機会をもうけることが必要であり，つながりや人間関係の根底にあるコミュニケーションを軽んじてはならない。

　今後，AIやIoT，ロボットなど先進的なテクノロジーがますます普及し，DX（デジタル・トランスフォーメーション）が進んだとしても，常に社員に働きかけていくこと，中長期的な視点をもって全社員，全社でコミットメントすることが企業には求められる。社員は，自分が理解できなかったり，確信のもてないブランドに自分を一体化すること，ましてや"Living Brand"（ブランド体現）することはできない。もちろん，イン

ターナルブランディングとエクスターナルブランディングの連動において
は，社内へのメッセージと社外へのメッセージにズレや矛盾があってはな
らない。社会に対して発信し，コミットするメッセージは同時に，社員に
とってもブランドを魅力的なものにするメッセージになる。このように外
に向けたコミュニケーションと内に向けたコミュニケーションの相互促進
性を十分に認識し，ブランドリーダーシップをとってメッセージを継続的
に出し続けていくことが重要である。

　支援的・協力的な企業文化がブランド・アイデンティティおよびブラン
ド理念に基づくブランディングや経営戦略に欠かせないことは，これまで
も指摘してきた通りである。また，経営理念やブランド理念は，社員が理
解しやすく，共感を得やすいものでなければならない。そして，各人の役
割や責任が明確にされており，経営陣も社員もブランドを日々の業務や行
動に反映させることが求められる。

　人も社会も，また企業をとりまく環境も日々変化する。ブランドを継続
的に進化させ成長に結びつけることで，社員はブランドプロミスを自身が
体得し，そして"Living Brand"（ブランド体現）していくのである。そ
れには，企業が社員とエンゲージメントできていると効果も高くなるので
ある。「顧客に提供する体験的価値への自信」が最も重要であるという調
査結果にも表れているように，"Living Brand"（ブランド体現）は企業と
社員のエンゲージメントと関係が強いと考えられる。企業と社員とのエン
ゲージメントは，ブランドを通じた結びつきが強くなれば，今後予想され
るさまざまな危機を乗り越える有力な手立ての一つとなるかもしれない。

　さらに，企業やブランドが発信するメッセージが，SDGsの観点からも
社会的意義のあるものか，つまり優れたブランドプロミスであるかどうか
ということも，顧客やステークホルダー，社会は期待する。言い換えれば，
日本の「三方よし」の考え方を一段階広げて，"社員よし""企業よし""取
引先よし""顧客よし""社会よし"の「五方よし」のブランドプロミスが

今後求められることになる。ブランド理念やブランドプロミスを全社員が
理解し共感しているのかどうか，社員の行動につながる仕組みがあるのか
どうかということを，ブランドを通じて社会は見ているのである。

終-2　ポストコロナ時代のインターナルブランディング

　2020〜2021年は，世界中が新型コロナウイルス感染拡大の防止や有効な
対策の一つであるワクチン開発に翻弄されている。労働環境においても，
新型コロナウイルス感染症拡大の影響により，労働や働き方そのものの再
考を迫られるようになった。新型コロナウィルス感染者が発生すると，た
ちまちその職場は閉鎖せざるを得ない。このことから，健康経営という視
点もあらためて注目されるようになった。「健康経営」とは，従業員等の
安心や安全，健康管理を経営的な視点で考え，戦略的に実践することであ
る。ブランド理念に基づき，従業員等の健康管理のための投資を行い，従
業員の活力向上や生産性向上等の結果として，組織の活性化をもたらす経
営である。まさに，従業員の安全や健康を確保しながら経営を行わなけれ
ば仕事ができない，という状況が生まれてきたのである。

　当初，パンデミックの対策として緊急避難として採用されたテレワーク
は，就業形態の一つとしてむしろ中心になりつつある。しかし，エッセン
シャルワーカーやファクトリーワーカー（工場労働者）は，テレワークが
できないことが社会的問題としても取り上げられた。テレワークができる
のは，ホワイトカラーやゴールドカラーのような高所得者に偏る傾向があ
る。このことは，さらなる所得格差を生む問題もはらんでいる。社会が大
きく変化しても，社会や企業を支えるワーカーはなくてはならない存在で
あるが，格差は企業へのロイヤルティを失わせていくことにもつながりか
ねない。

　新たに起こり得るこの危機に対してインターナルブランディングを活用し，どのようにワーカーを"Living Brand"（ブランド体現）につなげていくかは，喫緊の課題である。ワーカーだけの問題ではなく，例えば，物流現場に従事する人たちを考えてみよう。パンデミックにより人と人との接触を遮断したり，ソーシャルディスタンスをとる必要が生じ，人の移動は禁止ないし制限された。しかし，その代わりにモノやサービスの移動は一気に加速し，需要が高まった。今後，物流は，今以上に必要不可欠なものとなる。メーカーではないために目に見える自社の製品・商品が存在しなくても，"届ける"というBtoBやBtoCに関わるハブとして，社会経済の中で重要な役割を担っているのである。こうした業種や職種にもインターナルブランディングは必要である。また，今後はあらゆる業種において，DXを絡ませて"Living Brand"（ブランド体現）していけるように考えなくてはならない。

　そのほか，日本の雇用の特徴であったジョブローテーションにも大きな変化が起こると考えられる。ジョブローテーションは，一部門にとどまらず，さまざまな部門を経験することで他部門がどのような働きをしているかを理解できるので，ブランド浸透には馴染みやすい手法の一つであったが，働き方改革の流れを受け，ジョブ型雇用が積極的に推進される中で再考されつつある。欧米のような完全なジョブ型雇用は，一例として参考にする必要はあるが，直輸入してしまうと，日本のメンバーシップ型雇用におけるメリットがなくなってしまうおそれがある。従来のメンバーシップ型の雇用形態に適したジョブローテーションを行うことで，ブランドマネージャーを育成してきた企業もその見直しを迫られているが，メンバーシップ型雇用とうまく融合させ，DXやIoTなども念頭においた経営全体の改革を含めて，新たな雇用形態を模索すべきである。組織のフルモデルチェンジともいうべき全面改革が始まっている今まさに，ブランド戦略的HRM（人的資源管理）（Brand Strategy Human Resource Management：

BSHRM）の一つとしてインターナルブランディングを導入し，ブランド主導型の組織へと企業を移行させることが必要である。

　最後に，エクスターナルブランディングの分野である製品とシンボルとしてのブランドを一体化させたものが図終−1である。ここに最終ゴールであるシンボルとしてのブランドが確立される。

図終−1 ▶インターナル＆エクスターナルのブランド統合

出所）筆者作成。

　エクスターナルブランディングは，対外的戦略として欠かせないもので

あるが，今回の新型コロナウイルス感染症のパンデミックのような有事においては，控える傾向がどうしても起こり得る。広告やコマーシャルの自粛がその例である。平時のときにインターナルブランディングを行っていれば，社員にはブランド理念が浸透しているので，有事のときにもブランドを中心とした自立的・自律的行動様式を平時と変わりなくとることができるだろう。どのような企業においても，日頃からインターナルブランディングを通じて，ブランド理念の浸透，そして"Living Brand"（ブランド体現）を図るべきである。今回の新型コロナウイルス感染症によるパンデミックや2008年に発生したリーマン・ショックなど，今後も私たちには予想もつかないようなことが起こるかもしれない。そのような有事に備えておくことが肝要である。

　インターナルブランディングの成果として，有事の際も平時と変わりなく行動がとられた例としては，GMSのフィリピンにいる社員たちが，コロナ禍で，今，自分たちは何をすべきかをブランド理念に立ち返って考え，ドライバーに電話をして支援を行ったという事例がそのことを証明した。このように，未曽有の社会危機の状況下にあっても，社員の中にブランドが浸透していれば，社員は社会的意義を感じ，今何をすればよいのか，社会との約束であるブランドに基づいて自ら行動に移して，"Living Brand"（ブランド体現）し，発信していくのである。さらにそれは，正のスパイラルを生み出し，継続していき，循環していく。そして，エクスターナルブランディングによって社会の目に触れ，体現すれば，製品やサービスが届けられる先である消費者や顧客が喜ぶ。それはエクスターナルステークホルダーからのフィードバックであり，そのことがまたインターナルステークホルダーである社員に還元され，さらに"Living Brand"（ブランド体現）が深まり，ブランドが継続的に発展・進化・成長していく。このように連続性と整合性があれば，社内の優秀な人財の流出を防止することにもつながるはずである。価値創造の源泉である「ヒト（人材）」によっ

て強いブランドは構築・維持され，良質な企業体質も継続させることができれば，その結果としてエクスターナルブランディングにつながり，強いブランドの構築につながっていく。

　インターナルブランディングは，社外の人間は直に触れる機会はないために，社外からは感知しづらいブランディングといえるかもしれないが，社員に浸透した自社のブランドを，社員が製品やサービスを通して顧客や消費者をはじめすべてのステークホルダーに伝えていくことに成功すれば，われわれ顧客や消費者はその企業のインターナルブランディングに触れ，それを実感することができるのである。

▶▶あとがき

　エクスターナルブランディングとインターナルブランディングを一冊に収めることで，両者の関連性や相互促進性が生まれ，二つのブランディングが一体化していることを理解していただけたのではないだろうか。

　残念なことに，わが国では企業経営におけるブランドの重要性や役割，ブランドが企業の存続と成長にとって鍵となるという認識が薄いように思われる。しかし，"Living Brand"（ブランド体現）している今回の企業事例を見れば，いかにブランドを中心に置いた組織が重要なのかが理解いただけるだろう。

　インターナルブランディングは大企業だから実践できることで，中小企業では無理だ，などとは思わないでいただきたい。むしろ，大企業よりも中小企業の方がやりやすいのではないだろうか。中小企業は，さまざまなレベルでの稟議や決裁のシステムを省略しスピーディーに物事を進めることが可能であるし，社員との距離が近いことからメッセージがダイレクトに伝わりやすい。トップの強いリーダーシップで社員とも直接にコンタクトをとりやすいため，中小企業の方が導入しやすいとも言える。

　今回事例で取り上げた企業のご協力をいただいた方々は第一線でご活躍の方ばかりで，大変お忙しい中，インタビューを快く引き受けていただいた。心から感謝を申し上げたい。どなたも活力に満ち，生き生きと語っておられた姿が非常に印象に残っており，まさにそれぞれの"Super Living Brand"（ブランド体現）を実践している姿を拝見させていただいた。これは，本書の執筆において何物にも代えがたい素晴らしい経験であった。

　ブランドはかけがえのない資産であり，企業内外のあらゆるステークホルダーとの約束であり，社会への責任でもある。そして，ブランドを構築

する幹となるのは，会社の経営者や社員である。インターナルブランディ
ングの成功なくして，企業のブランド戦略の成功や強いブランドの構築は
成し得ない。インターナルブランディングは，まさに企業が本格的に取り
組まなければならない経営戦略であり，ブランド戦略は，すでにBrand5.0
のフェーズに入っているのである。

伊藤　佳代

付録：インターナルブランディング成功のための
　　　チェックリスト

A．目的および使い方

① 企業規模の大小に関係なく，あらゆる業種，業界に共通で普遍的な
ものである。

② 社員のあらゆる部署，職位，職階に共通で普遍的なものである。

③ 企業経営者が自社の経営理念やブランド理念，社是，社訓などを見
つめなおす機会になる。

④ 社員は自分たちがブランドに沿った行動ができているかを確認する
材料の一つになる。

⑤ 各チェック項目を（5点・4点・3点・2点・1点）で自己評価し，
そのスコアで全休または各ツールの評価を行う。

　　5点：十分取り組んでおり，成果が上がっている

　　4点：取り組んでおり，成果が出つつある

　　3点：現在取り組んでいるところである

　　2点：これから取り組もうとしている

　　1点：まだ取り組んでいない

B．チェック項目

1　ブランド理念	得点
①自社のブランド・アイデンティティ，自社「らしさ」を表現していること	5　4　3　2　1
②的確かつわかりやすい言葉で表現していること	5　4　3　2　1
③社員向けと社外向けとが矛盾のないメッセージであること	5　4　3　2　1
④社員の理解と共感をもてるものであること	5　4　3　2　1
合計	

2　ブランドリーダーシップ	得点				
①ブランド理念を体現するリーダーであること	5	4	3	2	1
②ブランドリーダーが資質の面で社員から信頼，尊敬されていること	5	4	3	2	1
③ブランドリーダーのメッセージが要所要所で適時に伝えられていること	5	4	3	2	1
④ブランドリーダーを養成するプログラムがあること	5	4	3	2	1
合計					

3　インターナルブランド・コミュニケーション	得点				
①社内報，ブランドブック，ポスターなどによってブランド理念が可視化（見える化）されていること	5	4	3	2	1
②社員がブランドについて発言したり参加する土壌があること	5	4	3	2	1
③全社の社員が当事者意識をもっていること	5	4	3	2	1
④社内外の研修や教育制度への参加機会が等しく保証されていること	5	4	3	2	1
合計					

4　インターナルブランド・コミュニティ	得点				
①コーポレートブランドと一致しているコミュニティであること	5	4	3	2	1
②コミュニティ形成を支援する組織文化があること	5	4	3	2	1
③本社と海外を含む支社，支店，事業所などのコミュニティが一致していること	5	4	3	2	1
④コーポレート，製品・サービス，ブランドに対する多くの根強いファンがいること	5	4	3	2	1
合計					

5　ブランド主導型のHRM（人的資源管理）	得点				
①企業の目標と社員の目標とのベクトルが同じであること	5	4	3	2	1
②会社の期待する人材像を明確にして採用活動が行われていること	5	4	3	2	1
③昇進，昇給，評価，査定などのシステムなどがブランディングと矛盾しないこと	5	4	3	2	1
④人事評価において，結果のフィードバックや効果の検証が常に行われていること	5	4	3	2	1
合計					
総合計					

▶▶参考文献

Aaker, D. A.（2014）*Aaker on Branding: 20 Principles That Drive Success*, Morgan James Publishing.（阿久津聡『ブランド論—無形の差別化を作る20の基本原則』ダイヤモンド社，2014年。）

Abernathy, W.J. and J. M. Utterback（1978）"Patterns of Industrial Innovation," *Technology Review*, Vol.80, No.7, 40-47.

Abbott, L.（1955）*Quality and Competition*, Columbia University Press.

Asha, C. and P. Jyothi（2013）"Internal Branding: a Determining Element of Organizational Citizenship Behaviour," *Journal of Contemporary Management Research*, Vol. 7, No.1, 37-57.

Aurand, T.W., L. Gorchels and T. R. Bishop（2005）"Human Resource Management's Role in Internal Branding : An Opportunity for Cross-functional Brand Message Synergy," *Journal of Product & Brand Management*, Vol. 14, No.3, 163-169.

Bergstrom, A., D. Blumenthal and S. Crothers（2002）"Why Internal Branding Matters : The Case of Saab," *Corporate Reputation Review*, Vol 5, Nos. 2/3, 133-142.

Berry, L. L., J. S. Hensel and M. C. Burke（1976）"Improving Retailer Capability for Effective Consumerism Response," *Journal of Retailing*, Vol.52, No.3. 3-14.

Berry, L.L.（1981）"The Employee as Customer," *Journal of Retailing Banking*, Vol.3, No.1, 33-40.

Burmann, C. and S. Zeplon（2005）"Building Brand Commitment: A Behavioral Approach to Internal Brand Management," *Brand Management*, Vol. 12, No.4, 279-300.

Christensen, C. M.（1997）*The Innovator's Dilemma: When New Technologies Cause Great Firms to Fail*, Harvard Business School Press.（玉田俊平太監訳，伊豆真弓訳『イノベーションのジレンマ 増補改訂版』翔泳社，2001年。）

Davis, M. S. and M. Dunn（2002）*Building the Brand-Driven Business: Operationalize Your Brand to Drive Profitable Growth*, 1st ed. Jossey-Bass.（電通ブランド・クリエーション・センター訳『ブランド価値を高めるコンタクト・ポイント戦略』ダイヤモンド社，2005年。）

Drucker, P. F.（1985）*Innovation and Entrepreneurship*, Northumberland Press.

（上田惇生訳『イノベーションと企業家精神』ダイヤモンド社，2007年。）

Drucker, P. F.（1994）*Post-capitalist Society*, Routledge.（上田惇生訳『ポスト資本主義社会』ダイヤモンド社，2007年。）

Fernando, T. de B. and P. Kotler（2011）*Winning at Innovation: The A-To-F Model*, Palgrave Macmillan.（櫻井祐子訳『コトラーのイノベーション・マーケティング』翔泳社，2011年。）

Galloway, S.（2017）*The Four: The Hidden DNA of Amazon, Apple, Facebook and Google*, Portfolio.（渡会圭子訳『GAFA：四騎士が創り変えた世界』東洋経済新報社，2018年。）

Griffin, J.（2002）*Customer Loyalty: How to Earn It, How to Keep It*, 2nd. ed., Jossey-Bass.

Grönroos, C.（1981）"Internal Marketing : An Integral Part of Marketing Theory," in Donnelly, J. H. and W. E. George,（eds.）, *Marketing of Service*, American Marketing Association, Proceeding Series, 236-238.

Henkel, S., T. Tomczak, M. Heitmann and A. Herrmann（2007）"Managing Brand Consistent Employee Behaviour : Relevance and Managerial Control of Behavioural Branding," *Journal of Product & Brand Management*, Vol. 16, No.5, 310-320.

Iglesias, O. and F. Z. Saleem（2015）"How to Support Consumer-brand Relationships," *Marketing Intelligence & Planning*, Vol.33, No.2, 216-234.

Ind, N.（2007）*Living the Brand*, 3rd ed., Kogan-page.

Ind, N.（2017）*Branding Inside Out*, Kogan-page.

Keller, K. L.（1999）"Brand Mantras: Rationale, Criteria and Examples," *Journal of Marketing Management*, Vol. 15, issue1-3, 43-51.

Keller, K. L.（2008）*Strategic Brand Management: Building, Measuring, and Managing Brand Equity*, 3rd ed., Pearson.（恩蔵直人監訳『戦略的ブランド・マネジメント 第3版』東急エージェンシー, 2010年。）

Keller, K. L.（2013）*Strategic Brand Management: Building, Measuring, and Managing Brand Equity*, 4th ed., Global Edition, Pearson.

Keller, K. L.（2019）*Strategic Brand Management: Building, Measuring, and Managing Brand Equity*, 5th ed., Global Edition, Pearson.

King, C. and D. Grace（2008）"Internal Branding: Exploring the Employee's Perspective," *Journal of Brand Management*, Vol. 15, No.5, 358-372.

King, C. and D. Grace (2012) "Examining the Antecedents of Positive Employee Brand-related Attitudes and Behaviours," *European Journal of Marketing*, Vol. 46, Nos. 3/4, 469-488.

Koltko-Rivera, M. E. (2006) "Rediscovering the Later Version of Maslow's Hierarchy of Needs: Self-Transcendence and Opportunities for Theory, Research, and Unification," *Review of General Psychology*, Vol.10, No. 4, 302-317.

Kotler, P. and K. L. Keller (2009) *Marketing Management, Global ed.* Pearson Education Limited.

Kotler, P., K. L. Keller, M. Brady, M. Goodman and T. Hansen (2009) *Marketing Management*, Pearson Education Limited.

Kotler, P., H. Kartajaya and I. Setiawan (2010) *Marketing 3.0: From Products to Customers to the Human Spirit*, Wiley.（恩蔵直人監訳, 藤井清美訳『コトラーのマーケティング3.0：ソーシャル・メディア時代の新法則』朝日新聞出版, 2010年。）

Kotler, P., H. Kartajaya and I. Setiawan (2017) *Marketing4.0: Moving from Traditional to Digital*, Wiley.（恩蔵直人監訳, 藤井清美訳『コトラーのマーケティング4.0：スマートフォン時代の究極法則』朝日新聞出版, 2017年。）

Kotler, P., H. Kartajaya and I. Setiawan (2021) *Marketing 5.0: Technology for Humanity*, Wiley.

Lemon, K. N. and Verhoef (2016) "Understanding Customer Experience Throughout the Customer Journey," *Journal of Marketing*, Vol.80(November), 69-96.

Mahnert, K. F. and A. M. Torres (2007) "The Brand Inside: The Factors of Failure and Success in Internal Branding," *Irish Marketing Review*, Vol. 19, No.1/2, 54-63.

Maslow, A. H. (1943) "A Theory of Human Motivation," *Psychological Review*, Vol.50, No.4, 370-396.

Maslow, A. H. (1954) *Motivation and Personality*, Harper and Row.

Maslow, A. H. (1969) "The Farther Reaches of Human Nature," *Journal of Transpersonal Psychology*, Vol.1, No.1, 1-9.

Maslow, A. H. (1970) *Motivation and Personality*. New York: Harper & Row.

McAfee, A. and E. Brynjolfsson (2017) *Machine, Platform, Crowd: Harnessing our Digital Future*, W. W. Norton & Co Inc. (村井章子『プラットフォームの経済学』日経BP，2018年。)

McAlexander, J. H., J. W. Schouten and H. F. Koenig (2002) "Building Brand Community," *Journal of Marketing*, Vol.66, No.1, 38-54.

Muniz, A. M. Jr. and T. C. O'Guinn (2001) "Brand Community," *Journal of Consumer Research*, Vol.27, No.4, 412-432.

Parker, G.G., M.W. Van Alstyne and S.P. Choudary (2016) *Platform Revolution: How Networked Markets are Transforming the Economy and How to Make Them Work for You*, W.W. Norton & Company, Inc. (妹尾堅一郎監訳，渡部典子訳『プラットフォーム・レボリューション－未知の巨大なライバルとの競争に勝つために－』ダイヤモンド社，2018年。)

Pine, B. J., II. and J. H. Gilmore (1998) *The Experience Economy: Work Is Theater and Every Business a Stage*, Harvard Business School Press.

Porter, M.E. and J.E. Heppelmann (2015) "How Smart, Connected Products Are Transforming Competition," *Harvard Business Review*, 93 (10), October, 3-19. (有賀裕子訳「『接続機能を持つスマート製品』が変えるIoT時代の競争戦略」『Diamondハーバード・ビジネス・レビュー』40 (4)，ダイヤモンド社，2015年4月，38～69頁。)

Punjaisri, K. and A. Wilson (2007) "The Role of Internal Branding in the Delivery of Employee Brand Promise," *Journal of Brand Management*, Vol. 15, No.1, 57-70.

Rintamäki, T., A. Kanto, H. Kuusela and M. T. Spence (2006) "Decomposing the Value of Department Store Shopping into Utilitarian, Hedonic and Social Dimensions: Evidence from Finland. International," *Journal of Retail & Distribution Management*, Vol. 34, No. 1, 6-24.

Saleem, F. Z. and O. Iglesias (2016) "Mapping the Domain of the Fragmented Field," *Journal of Product & Brand Management*, Vol. 25, Issue 1, 43-57.

Schmitt, B. H. (1999) *Experiential Marketing*, The Free Press. (嶋村和恵・広瀬盛一訳『経験価値マーケティング―消費者が「何か」を感じるプラスαの魅力』ダイヤモンド社，2000年。)

Schmitt, B. H., J. J. Brakus and L. Zarantonello (2015) "From Experiential Psychology to Consumer Experience," *Journal of Consumer Psychology*, Vol.25, Issue1, 166-171.

Schumpeter, J. A.（1926）*Theorie der Wirtschaftlichen Entwicklung*, Duncker und Humbolt.（塩野谷祐一・中山伊知郎・東畑精一訳『経済発展の理論：企業者利潤・資本・信用・利子および景気の回転に関する一研究』岩波書店，1977年。）

Schwab, K.（2017）*The Fourth Industrial Revolution*, Currency.（世界経済フォーラム訳『第四次産業革命－ダボス会議が予測する未来－』日本経済新聞出版，2016年。）

Schein, E.H.（1999）*The Corporate Culture Survival Guide*, Jossey-Bass.（金井壽宏監訳『企業文化―生き残りの指針』白桃書房，2004年。）

Simonson H. A. and B. H. Schmitt（2009）*Marketing Aesthetics: The Strategic Management of Brands, Identity, and Image*, Free Press.

Stolterman, E. and A. C. Fors（2004）"Information Technology and The Good Life", *Information Systems Research*, Vol. 143, 682-693.

Tavsan N. and C. Erdem（2018）*Customer Experience Management: How to Design, Integrate, Measure and Lead*, Tasora Books.

Thomson, K., L. De Chernatony, L. Arganbright and S. Khan（1999）"The Buy-in Benchmark: How Staff Understanding and Commitment Impact Brand and Business Performance," *Journal of Marketing Management*, Vol. 15, No. 8, 819-835.

Utterback, J. M.（1994）*Mastering the Dynamics of Innovation*, Harvard Business School Press.（大津正和・小川進監訳『イノベーション・ダイナミクス』有斐閣，1998年。）

Utterback, J. M. and W. J. Abernathy（1975）"A Dynamic Model of Process and Product Innovation," *Omega*, Vol. 3, No.6, 639–656.

Vallaster, C. and L. De Chernatony（2006）"Internal Brand Building and Structuration: Role of Leadership," *European Journal of Marketing*, Vol. 40, Nos. 7/8, 181-203.

Varey, R. J.（1995）"Internal Marketing : A Review and Some Interdisciplinary Research Challenges," *International Journal of Service Industry Management*, Vol. 6, No. 1, 40-63.

大室悦賀（2009）「ソーシャル・イノベーション理論の系譜」『京都マネジメント・レビュー』15巻，13～40頁。

木村達也（2007）『インターナルマーケティング：内部組織へのマーケティング・アプローチ』中央経済社。

久保田進彦（2012）『リレーションシップ・マーケティング－コミットメント・アプローチによる把握－』有斐閣。

上瀧和子「同じ事業を続けるだけの企業は5年後消えている。フィリップ・コトラーが指南するコロナ禍からのU字回復」
https://markezine.jp/article/detail/34761

コトラー，P.（2004）『DIAMONDハーバードビジネスレビュー』2004年2月号。

柴田彰（2018）『エンゲージメント経営』日本能率協会マネジメントセンター。

柴田仁夫（2014）「実践の場における経営理念の浸透：関連性理論と実践コミュニティによるインターナル・マーケティング・コミュニケーションの考察」（埼玉大学博士論文）1〜436頁。

徐誠敏・李美（2016）「ブランド創発型企業を構築強化するための戦略的なインターナルブランディングに関する研究」『経済経営論集』第24巻第1号，10月，13〜28頁。

陶山計介（2002a）「ネットワークとしてのマーケティング・システム」陶山計介・宮崎昭・藤本寿良編著『マーケティング・ネットワーク論―ビジネスモデルから社会モデルへ―』有斐閣，1〜18頁。

陶山計介（2002b）「ブランド・ネットワークのマーケティング」陶山計介・宮崎昭・藤本寿良編著『マーケティング・ネットワーク論－ビジネスモデルから社会モデルへ－』有斐閣，61〜78頁。

陶山計介（2012）「ブランドのコミュニティ機能－震災後求められるブランド価値」『日経広研所報』第46巻第3号，6月－7月，2〜9頁。

高橋昭夫（1994）「サービス・マーケティングにおけるインターナル・マーケティング・コンセプトについて―製品としての職務と消費者としての従業員という考え方―」『明大商學論叢』76巻2号，185〜208頁。

高橋昭夫（2014）『インターナル・マーケティングの理論と展開―人的資源管理との接点を求めて』同友館。

谷本寛治（2006）『ソーシャル・エンタープライズ－社会的企業の台頭』中央経済社。

谷本寛治・大室悦賀・大平修司・土肥将敦・吉村公久（2013）『ソーシャル・イノベーションの創出と普及』NTT出版。

野中郁次郎・廣瀬文乃・平田透（2014）『実践ソーシャルイノベーション』千倉書

房。

服部篤子（2017）「ソーシャル・イノベーションの基礎概念とコミュニティの変化」
　　『21世紀社会デザイン研究』No.16, 21〜29頁。

羽藤雅彦（2019）『ブランド・コミュニティ－同一化が結びつきを強化する－』中
　　央経済社。

原島優（2016）「日本におけるインターナル・マーケティング研究─観光産業にお
　　ける有効性の考察─」『東海大学観光学研究』第2号，49〜68頁。

平岩英治（2012）「インターナル・マーケティング研究の現状と課題」『経営戦略研
　　究』第6号，91〜113頁。

廣田 俊郎（2017）「社会的広がりをもつ変化をもたらし，新たな役割と価値の創出
　　をともなうソーシャル・イノベーション」『關西大學商學論集』62巻1号，37
　　〜52頁。

武藤清（2006）「明日の経済社会モデルの創造」服部篤子・武藤清・渋澤健編『ソー
　　シャル・イノベーション─営利と非営利を超えて─』日本経済評論社。

森村文一（2009）「インターナル・マーケティング」『マーケティングジャーナル』，
　　29巻1号，87〜97頁。

日本経済団体連合会（2021）『2021年版 経営労働政策特別委員会報告』経団連出版。

『DIAMONDハーバードビジネスレビュー』2003年4月。

『日本経済新聞夕刊』2018年4月2日付，『日本経済新聞』（電子版）2018年4月3
　　日11:30，『日経産業新聞』2018年4月2日付「『Mass』連携で，いすゞ・スズ
　　キ・SUBARU・ダイハツ・マツダがトヨタ・ソフトバンク陣営に加わる」
　　https://clicccar.com/2019/06/29/869707/softbank_06_s-2/

『日本経済新聞』（電子版）2017年12月14日14:30「IDCJapan，2018年の国内IT市場
　　の主要10項目を発表。─「Japan IT Market 2018 Top 10 Predictions: デジタ
　　ルネイティブ企業への変革-DXエコノミーにおいてイノベーションを飛躍的に
　　拡大せよ」，IDC Japan プレスリリース
　　https://www.nikkei.com/article/DGXLRSP466187_U7A211C1000000/

『日本経済新聞』（電子版）2018年2月23日23：02
　　https://www.nikkei.com/article/DGXMZO27348620T20C18A2TJ200

American Marketing Association HP
　　https://www.ama.org/the-definition-of-marketing-what-is-marketing/

IMF HP「IMF世界経済見通し2021年1月改定見直し」

https://www.imf.org/ja/Publications/WEO/Issues/2021/01/26/2021-world-economic-outlook-update

Uber HP

https://www.uber.com/jp/ja/about/

https://www.facebook.com/japanwsj/posts/10154865958172546/

https://ja.wikipedia.org/wiki/Uber

経済産業省（2017）「新産業構造ビジョン」

https://www.meti.go.jp/shingikai/sankoshin/shinsangyo_kozo/pdf/017_05_00.pdf

経済産業省（2018）「DXレポート～ITシステム『2025年の崖』の克服とDXの本格的な展開～」

https://www.meti.go.jp/shingikai/mono_info_service/digital_transformation/pdf/20180907_03.pdf

経済産業省（2018）「DX推進ガイドラインVer.1.0」

https://www.meti.go.jp/press/2018/12/20181212004/20181212004-1.pdf

https://www.meti.go.jp/press/2018/12/20181212004/20181212004.html

経済産業省（2019）「『DX推進指標』とそのガイダンス」

https://www.meti.go.jp/press/2019/07/20190731003/20190731003-1.pdf

経済産業省（2020）「DXレポート2（中間取りまとめ）」

https://www.meti.go.jp/press/2020/12/20201228004/20201228004.html

https://www.meti.go.jp/press/2020/12/20201228004/20201228004-1.pdf

https://www.meti.go.jp/press/2020/12/20201228004/20201228004-2.pdf

https://www.meti.go.jp/press/2020/12/20201228004/20201228004-3.pdf

経済産業省（2020）「デジタルトランスフォーメーションの加速に向けた研究会WG1 全体報告書」

https://www.meti.go.jp/press/2020/12/20201228004/20201228004-4.pdf

経済産業省（2020）「2020年上期小売業販売を振り返る」

https://www.meti.go.jp/statistics/toppage/report/minikeizai/pdf/h2amini142j.pdf

厚生労働省「『働き方改革』の実現に向けて」

https://www.mhlw.go.jp/stf/seisakunitsuite/bunya/0000148322.html

厚生労働省（2021）「新型コロナウイルス感染症の国内発生動向」

https://www.mhlw.go.jp/content/10906000/000733181.pdf

内閣府「第5期科学技術基本計画」
　　https://www8.cao.go.jp/cstp/kihonkeikaku/index5.html
　　https://www8.cao.go.jp/cstp/kihonkeikaku/5honbun.pdf
　　https://www8.cao.go.jp/cstp/kihonkeikaku/5gaiyo.pdf
内閣府「科学技術・イノベーション基本計画の検討の方向性（案）（概要）」
　　https://www8.cao.go.jp/cstp/tyousakai/kihon6/chukan/gaiyo.pdf
内閣府「Society5.0」
　　https://www8.cao.go.jp/cstp/society5_0/
内閣府経済社会総合研究所国民経済計算部（2020）「2020年7-9月期GDP速報
　　（2次速報値）〜ポイント解説〜」
　　https://www.esri.cao.go.jp/jp/sna/data/data_list/sokuhou/files/2020/
　　qe203_2/pdf/qepoint2032.pdf
ジェトロHP「米GDP成長率，2020年第4四半期は4.0％，通年でマイナス3.5％」
　　https://www.jetro.go.jp/biznews/2021/02/6fd14c4f48031d7b.html
株式会社グローバルモビリティーサービスHP
　　https://www.global-mobility-service.com/
トヨタHP「トヨタのコネクティッドサービス」
　　https://toyota.jp/tconnectservice/about/
　　https://toyota.jp/tconnectservice/service/
株式会社日本旅行HP
　　http://www.nta.co.jp/
ネスレ日本HP「コーヒーマシンとロボットが好みのコーヒーを提供する『ネスカ
　　フェ・Pepper・duAroおもてなし無人カフェ』期間限定で「ネスカフェ原宿」
　　に導入」プレスリリース
　　https://www.nestle.co.jp/media/pressreleases/allpressreleases/20171110_
　　nescafe
株式会社ミルボンHP
　　https://www.milbon.co.jp/
株式会社リクルート「目線を揃えることで，ブランドが浸透する。リクルートで社
　　内ブランド浸透に取り組んだ話」
　　https://designblog.recruit-lifestyle.co.jp/n/n90e22dd05d22
エアレジ「0円でカンタンに使えるPOSレジアプリ」
　　https://airregi.jp

IDC Japan リサーチ バイスプレジデント 中村智明（2017）「IDC Japan，2018年の国内IT市場において鍵となる技術やトレンド10項目を予想」
https://news.mynavi.jp/article/20171215-557143/

自動運転ラボHP　「NTTが「自動運転」に照準！モビリティ分野の取り組みに多方面で参画」
https://jidounten-lab.com/u_ntt-autonomous-matome

ニッポンドットコムHP「インド，止まらない感染拡大，1日で31.5万人の新規感染確認」
https://www.nippon.com/ja/japan-data/h00673/

日経BPコンサルティングHP「新型コロナ対応で評価された企業，シャープが第1位になった理由」
https://consult.nikkeibp.co.jp/ccl/atcl/20200527_1/

マクロミルHP「コロナの影響に関する消費者調査」
https://www.macromill.com/contact/files/report/j195_u5xpdb.html

マクロミルHP「海外における新型コロナウィルスの影響（2020年5月実施）
https://www.macromill.com/contact/files/report/j193_c5x2ca.pdf

ユーロモニターHP「Euromonitor Identifies 6 Themes Transforming Consumer Goods and Services as a Result of COVID-19」
https://blog.euromonitor.com/euromonitor-identifies-6-themes-transforming-consumer-goods-and-services-as-a-result-of-covid-19/

ワールド マーケティング サミット オンラインHP
https://e-wms.jp/wmsj2020/about/

▶▶人名索引

▶▶事項索引

▶著者略歴

陶山計介（すやま・けいすけ）

岡山県生まれ。1973年早稲田大学政治経済学部卒業。1982年京都大学大学院経済学研究科博士後期課程単位取得。博士（経済学）。

関西大学商学部教授を経て，2021年より名誉教授。2012年より一般社団法人ブランド戦略経営研究所理事長。米国カリフォルニア大学バークレイ校客員研究員，英国エジンバラ大学マネジメントスクール客員教授，日本商業学会会長などを歴任。

専門はブランド・マーケティング。

訳書に『ブランド・エクイティ戦略』『ブランド優位の戦略』，著書に『マーケティング戦略と需給斉合』，共編著書に『日本型ブランド優位戦略』『大阪ブランド・ルネッサンス』『プライベートブランド最新動向2015』『よくわかる現代マーケティング』『地域創生マーケティング』等がある。

伊藤佳代（いとう・かよ）

東京都生まれ。1994年立命館大学国際関係学部卒業。在学中ブリティッシュ・コロンビア大学留学。2014年関西大学大学院商学研究科博士前期課程単位取得。修士（商学）。

2002年社会保険労務士登録。2006年特定社会保険労務士登録。

大学卒業後，大手印刷会社，会計事務所等を経て，2003年社会保険労務士法人ソーケムおよび株式会社ソーケム入社。2017同法人の代表社員および株式会社ソーケム執行役員就任。関西大学商学部ゲストスピーカー，日本マーケティング学会，日本流通学会および一般社団法人ブランド戦略経営研究所会員。その他，中小企業から中堅企業まで人事制度の設計，構築，運用，労務管理の相談，セミナー講師，就業規則，賃金制度の導入など，業種を問わず多数の実績をもつ。

近著には「人事施策から企業のブランディングへのアプローチ」（『産業能率』2020年9-10月号所収）がある。

論文に「マーケティングにおけるインターナルブランディングの位相」（『明治大学経営論集』第69巻第4号，2022年3月），「地域創生における『ヒト』ネットワークづくり：コト発信とステークホルダー間共創」（陶山計介・室　博・小菅謙一・羽藤雅彦・青谷実知代編著『地域創生と観光』（近刊）等がある。

インターナルブランディング

■ブランド・コミュニティの構築

2021年8月10日　第1版第1刷発行		
2022年9月30日　第1版第2刷発行		

著　者　陶　山　計　介
　　　　伊　藤　佳　代

発行者　山　本　　　継

発行所　㈱中　央　経　済　社

発売元　㈱中央経済グループ
　　　　パ ブ リ ッ シ ン グ

〒101-0051　東京都千代田区神田神保町1-31-2
電話　03 (3293) 3371(編集代表)
　　　03 (3293) 3381(営業代表)
https://www.chuokeizai.co.jp

印刷／三 英 印 刷 ㈱
製本／㈲井 上 製 本 所

Ⓒ 2021
Printed in Japan